성서에게 묻고
성서가 묻다

성서에게 묻고
성서가 묻다

지은이 김형근
발행일 2020년 11월 14일

펴낸이 이민영
대표 · 편집인 최선화
펴낸곳 도서출판 등과 빛
주소 부산광역시 동구 중앙대로60번길 3-11
전화 051)803-0691
등록번호 2006년 11월 8일(제335-제6-11-6호)

값 16,000원

성서에게 묻고
성서가 묻다

김형근 지음

도서
출판 등과 빛

차례

프롤로그

릭 워렌Rick Warren 목사의 책『목적이 이끄는 삶』(도서출판 디모데 刊, 이하 '목삶')은 2002년 출간 이후 성경 다음으로 가장 많이 번역된 책이란 평판을 받은 전 세계 기독교인들의 애독서였다. 2012년 런던올림픽 4관왕에 빛나는 미국의 수영 영웅 마이클 펠프스는 올림픽 이후 극심한 슬럼프에 빠져 자살 충동에 시달렸다. 그러던 그가 우연히 이 책을 읽고 큰 감동을 받은 후 2016년 리우올림픽 5관왕에 올라 재기에 성공했다는 사실은 '목삶'의 영향력을 짐작게 한다. 그런데 이와는 대조적으로 워렌 목사의 막내아들은 정신병으로 시달리다 2013년 자살로 생을 마감했다. 지구촌의 수천만 독자들에게 힘과 용기를 불어넣은 베스트셀러 저자의 아들은 정작 자택에서 권총으로 목숨을 끊은 것이다.

이런 경우엔 '중이 제 머리 못 깎는다'란 자위가 필요한 건지, '수신제가치국평천하'란 현인의 충고를 경청해야 하는 건지는 독자의 판단에 맡기겠다. '세계적인 유명 목사의 아들이 자살을? 자식 교육도 제대로 못 한 목사의 설교를 믿을 수 없다'라는 비판도, '우린 목사 개인이 아닌 그의 입을 통해 나온 신의 말씀을 신뢰한 것이다'라는 옹호도 여기선 인용하지 않겠다. 다만 '뿌린 대로 거둔다'는 만고의 이치를 확인하는 것으로 두 사건에 대한 평가는 끝내고 질문을 하나 하려고 한다: '목삶'은 성서적일까?

'목삶'의 공과功過

정확히 말하면 『목적이 이끄는 삶』이란 책 제목의 성서적 타당성 문제를 제기하고자 한다. '목삶'은, 펠프스 선수의 사례가 보여 주듯, 고난과 역경에 처한 이들에게 새로운 희망과 비전을 심어 주는 책이다. 나를 향한 신의 목적과 계획을 분별하고 그에 대한 확신 속에서 긍정적이고 도전적인 삶을 살 것을 격려하는 책의 내용은 실의에 빠진 이들에게 힘이 되어 준 것이 사실이다. 굴곡진 인생 여정에서 겪게 되는 다양한 상황들을 상정하여 그에 맞는 성서 구절과 실제 극복 사례를 적절하게 제시함으로써 공감과 치유라는 자기 계발 기제에 충실한 책이라고 할 수 있다.

그런데 이 책이 지닌 여러 장점과 기여를 인정하더라도 그 장점과 기여 때문에 책의 문제점과 위험성을 유야무야 되게 해선 안 된다. '목적이 이끄는 삶'이란 명제의 타당성에 의문이 남기 때문이다. 책의 제목은 책의 얼굴이다. 일반적으로 독자들은 책의 제목으로 내용을 짐작하고 책을 선택한다. 다 읽은 뒤 책의 내용은 차츰 잊어버려도 제목은 머릿속에 남아 내용을 기억하는 데 도움이 되곤 한다. 특히 이 책처럼 책 전체 내용이 하나의 큰 주제를 중심으로 서술되고 그 주제를 책의 제목으로 삼는 경우 제목이 갖는 무게감과 기능은 막중하다.

목표를 잃은 삶의 공허함을 일깨워 명확한 신앙적 목적을 정조준해서 내일을 향해 담대하게 전진하라는 내용으로 갈무리되는 '목삶'. 그러나 이 책에서는 인간 및 인생을 목적 지향성과 과정 지향성으로 구분하여 양자의 가치와 그 함의를 균형 있게 조망하고 성찰하는 철학적 인문학적 담론에 대한 분석과 고민의 흔적을 찾아볼 수 없다. 목적을 위해선 수단과 방법을 가리지 않아도 되는 것인가? 모로 가도 서울만 가면 되는가? 성서는 목적 지향적 삶만을 말하고 있다는 편향적 인식이 고착화될 우려가 있다는 점이 '목삶'이 안고 있는 위험성이다. 그것은 성서의 가르침이 아니며 또한 '목삶'의 궁극적 지향점도 아닐 것이다.

책 제목 자체에서 편향된 가치관이 도출될 가능성이 있다면, 그리고 그것이 성서의 가치관에 부합하지 않는다면 이는 간과돼선 안 될 문제다. 목적 지향성 자체가 문제라기보다는 목적 지향적 삶만 지향하는 게 문제의 본질이다. 목적을 이루기 위한 수단과 방법의 합리성을 추구하는 과정 지향성이 배제될 수 있기 때문이다. 과정이 정당하지 않은 목적 지향성의 그 가공할 위험을 우리는 지난 대통령 탄핵 사건과 그 후속 상황을 지켜보면서 절감하고 있지 않은가? 권력과 이데올로기 수호라는 목적 아래 자행된 권력층의 온갖 불법 편법 탈법 위법의 추악한 몰골들은 촛불시민혁명의 기폭제가 됐다. 1960년대 산업화 이후 '잘살아 보세'라는 국가적 목표 달성을 위해 과정의 정당성이 배제된 단축 공정과 압축 성장이 빚어낸 적폐들의 그 참담한 민낯을 지금 우리는 목도하고 있다.

전 세계인들이 애용하는 성경앱 '유버전YouVersion'은 해마다 국가별 애용 성구를 발표해 왔는데 주요 개신교 국가인 미국과 독일인들이 좋아하는 로마서 8장 28절("우리가 알거니와 하나님을 사랑하는 자 곧 그 뜻대로 부르심을 입은 자들에게는 모든 것이 합력하여 선을 이루느니라.")이 가장 많은 조회 수를 기록했다고 한다.* 또 다른 개신교 주요 국가인 한국의 경우 빌립보서 4장 13절("내게 능력 주시는 자 안에서 내가 모든 것을 할 수 있느니라.")이 2년 연속 선정됐는데 이는 신의 도우심을 힘입어 불가능을 가능케 한다는 신앙 의지를 고취하는 내용으로 널리 알려진 구절이다.

각각 '선을 이룸'과 '신앙적 만능'이라는 목표를 설정하고 있는 두 구절은 그러나 자칫 목적 지향성 일변도의 신앙 체계를 지지하는 것으로 오인될 수 있다. 선을 이루기 위해서 모든 것이 합력해야 하는데 그 합력을 위한 과정과 절차를 단축 내지는 생략할 우려가 있기 때문이다. 선 성취라는 목표를 위한 합력의 과정에서 정도가 아닌 우회로를 선택하고 합법이 아닌 편법에 눈감을 수 있다. 과정과 절차의 합리성, 우회로와 편법의 정당성에 대한 문제 제기가 '선을 이룸'과 '신앙적 만능'이라는 목표 달성을 위해 묵살될 수 있다는 점을 간과해선 안 된다. 성서가 목적 지향성의 삶을 장려하는 것은 맞지만 과정과 절차의 합리성이나 정당성을 결코 소홀히 하지 않는다. 위 구절들의 강조점은 선 성취나 신앙적 만능이라는 목표를 설정하고 달성하는 데에 있지 않다.**

---

*2015년 기준

**전후 문맥을 보면 로마서 8:28은 성령의 인도하심을 받은 이들의 '합력'에, 빌립보서 4:13은 빈천과 부유라는 상반된 상황에서의 올바른 '처신'에 그 방점이 찍힌다. 여기서 합력과 처신은 일회성의 달성 목표가 아닌 지속적 과제로서 과정 지향적 가치다.

질문 지향적 삶

목적과 과정이 충돌하지 않고 함께 어우러지는 삶, 이것이 성서의 삶이다. 성서는 합목적성을 상실한 과정의 결말을 기록하고 있다. 메시아 탄생별을 보고 아기 메시아 찾기에 나선 동방의 지식 엘리트들이 목적 달성에 실패한 건 찾는 과정에서 별의 안내보다 자기 확신(메시아는 왕의 가문에서 태어난다)을 따랐기 때문이다(마태복음 2:2, 9~10). 영생 찾기에 나선 재부財富 엘리트 청년이 영생의 문턱 앞에서 돌아설 수밖에 없었던 건 자기 전제(영생 획득은 재물로 인한 선행으로 가능하다)를 과신했기 때문이었다(마태복음 19:16, 20, 22). 사람 낚는 어부가 되고자 예수 따르기에 나선 애제자 베드로가 '사탄 빙의자'로 책망받은 건 목적에 주목한 나머지 과정(예수 따르기)을 소홀히 한 것이 원인이다. 과정의 생략 또는 과정의 비非합목적성은 목적 달성 실패로 귀결된다는 것이 성서의 교훈이다: '모로 서울 갈 수 없다.' 성서는 과정의 생략과 비합목적성으로 이뤄진 목표 달성을 인정하지 않는다: '모로 서울 가지 마라.'

목적의 합리성을 진단하고 수단과 방법의 정당성을 담보하는 건 '질문'이다. 목적이 합리적인지, 그리고 목적 달성을 위한 과정과 절차가 정당한지를 질문해야 한다. 우린 그것을 '질문 지향성'이라 부른다. 목적의 합리성과 과정의 정당성에 대한 문제 제기를 통해 과정의 중요성을 담보함으로써 목적 달성을 추구하는 삶이 '질문 지향적 삶'이다. 목적이 아무리 좋아도 과정이 생략되거나 과정의 정당성이 간과돼선 안 된다. 좀 더디더라도 정당한 과정을 통해 목표로 향해야 한다. 기독교의 핵심 가치인 'Soli

Deo Gloria' (오직 신께 영광을!)는 그것에 대한 질문을 모두 철폐하고 과정의 정당성을 묵살해도 되는 절대 담론일 수 없다. 수단 방법을 가리지 않고 달성해야 하는 목표치로 Soli Deo Gloria를 떠받든 결과가 소위 '기독교 제국주의' 라는 종교 헤게모니다. 중세 가톨릭의 마녀사냥과 이단 처형, 신대륙 정복과 원주민 학살에서부터 21세기 민주 사회 대한민국에서 벌어진 사찰 불상 파괴에 이르기까지 '신께 영광' 이란 목적을 위해 과정의 정당성을 삼켜 버린 목적 지향적 종교 이데올로기의 만행은 끊이지 않고 있다.

배철현(서울대 종교학과 교수)은 그의 저서 『신의 위대한 질문』, 『인간의 위대한 질문』(21세기북스 刊)에서 성서는 해답지가 아니라 문제지임을 잘 간파한 바 있다. 그렇다. 성서는 끊임없이 질문한다. 때론 신이 인간에게 질문하고, 때론 인간이 신에게 질문한다. 본문에 명백히 나타나는 질문이 있는 반면, 본문에 감춰진 질문이 있다. 보호하고 구원하기 위한 질문이 있는가 하면 유혹과 미혹의 덫을 쳐 놓은 질문도 성서에는 있다. 선악과를 먹고 두려워 숨은 아담 하와 부부에게 쏟아지는 신의 매서운 질문 세례는 처벌이 아닌 구원과 보호가 목적이었다(창세기 3:9~13, 22~24). 참혹한 형틀에 아들을 유기하는 천부를 향한 가상架上 질문('나의 하나님 나의 하나님 왜 나를 버리셨습니까?', 마태복음 27:46)은 온 세상을 위한 구원 선포이며, 내면의 죄성을 떨쳐 버릴 수 없는 실존의 한계에 직면하여 육신을 향해 사망 선고를 내리는 사도의 탄식 섞인 질문('누가 이 사망의 몸에서 나를 건져 내랴?', 로마서 7:24)은 육신을 지배하는 죽음의 권세로부터 벗어나게 하는 자아 해방 선언이다.

금문禁問의 책에게 질문을

성서는 질문을 배척하지 않는다. 스승 예수의 부활을 믿기 어렵다는 제자 도마의 괘씸한(?) 문제 제기는 불가촉不可觸의 부활체(요한복음 20:17)를 손으로 만지는 미증유의 특권을 그에게 가져다주었고(24~27절), 부활 이후 천상의 처소 약속에 대한 그의 의문은 예수의 3중 확약('나는 길, 진리, 생명이다. 나는 아버지 집으로 가는 확실한 길이다.')을 얻어 내는 성과(?)를 거둔다(요한복음 14:1~6). 변방 출신 나사렛 예수의 메시아 지위에 의혹을 제기한 당돌한 청년에겐 그의 진실성에 대한 칭찬과 함께 예수의 메시아 지위 확인을 위한 천상天上 계시에의 참여 기회가 주어졌으며(요한복음 1:46~51), 동생을 죽인 죄의 벌이 무겁다고 항의하는* 가인은 죽을 때까지 피살되지 않을 권리를 신표神標로 부여받았다(창세기 4:13~15).

　성서는 질문을 환영하고 문제 제기를 묵살하지 않는다. 성서의 서사는 질문을 시작으로, 그리고 질문을 중심으로 전개된다. 제도권 기독교의 도그마에 의해 질문이 차단된 이 금문禁問의 책에게 질문을 던지라. 그러면 그 질문은 우리를 향한 성서의 질문을 들려줄 것이다. 성서를 향한 질문에 성서가 질문으로 답하는 것이다. 성서에게 질문하고 성서가 질문하는 질문의 선순환은 과정

---

*가인에게 내려진 벌은 땅으로부터의 저주인데, 농사가 생업인 가인이 더 이상 농업에 종사할 수 없게 된 것은 중벌로 여겨질 수 있겠지만 살인죄에 비하면 관대한 처벌이 아닐 수 없다.

의 정당성이 담보되지 않은 목적 지향적 삶의 대열에서 빠져나와
질문의 도상으로 걸어가도록 당신을 안내할 것이다. 질문 지향적
삶은 안주의 삶을 이탈하여 영원한 본향을 향해 쉼 없이 달려가
는(히브리서 11:13~16 참조) 탈주의 삶이다. 이 책과 함께 성서
에게 묻고 성서의 물음을 들음으로써 종교 헤게모니의 낡은 부대
를 벗어버리고 새 술을 담을 새 부대가 되어가는(또는 만들어지
는) 성서적 신앙의 지평이 독자 제위에게 활짝 열리기를 기대한
다.

01. 미투 운동과 성서

예수의 십자가 처형은
천상의 고발자에 대한
피고발자들의 집단 테러

"사내 녀석이 일러바치기는……."

하드 한 개를 몰래 꺼내 먹는 동생의 모습을 본 나는 장을 보고 돌아오신 어머니께 이 사실을 알렸다. 그런데 내게 돌아온 건 꾸지람이었다. "오빠가 고자질하면 못 쓰는 거야!" 어렵게 시작한 구멍가게 살림이 걱정된 맏아들이 임무(?)에 충실하고자 한 것이었는데 어머니는 그런 장남을 나무라셨다. 어머니 등 뒤에서 나를 향해 혀를 날름거리던 녀석의 짓거리는 이후에도 계속됐지만 어머니의 고자질 금지령은 이미 내 입을 봉쇄해 버렸다. '일러바치는 게 나쁜 건가?' 철부지 동생의 좀도둑질을 속절없이 지켜봐야만 했던 사춘기 시절 내 의문은 지금도 현재진행형이다. 고자질이 도둑질보다 나쁜가? 언제부턴가 고자질 금지령은 우리 사회의 불문율처럼 되어 누구나 어린 시절에 한 번쯤 핀잔과 함께 들어본 경험이 있을 것이다.

고자질은 나쁘다?

공자(孔子): 나는 '남의 잘못에 대해 떠들어 대는 사람'(稱人之惡者)을 싫어한다.

자공(子貢): 저도 '남의 잘못을 들추는 것을 정직으로 생각하는 사람'(訐以爲直者)을 싫어합니다.

『논어』의 "양화편陽貨篇"에 나오는 공자와 자공, 사제 간 대화는 고자질 금지령 지지 선언인가? 자세히 보면 공자의 말은 자신의 허물을 보지 못하고 남의 잘못만 보는 사람을 경계한 것이며, 제자 자공의 맞장구는 고자질의 합리화를 비판한 것이지 고자질 자체를 금지한 것으로 보기 어렵다. 그렇다면 사람들은 왜 고자질을 터부시할까? 일설에 따르면 '고자질'은 조선 시대 내시들이 궁궐 안에서 얻어들은 비밀이나 고급 정보들을 함부로 발설하거나 잡담거리로 삼는 행위들을 '고자鼓子들의 짓'이라고 비꼬아 부른 데서 유래했다고 한다. 거세당한 남자들의 저열한 뒷담화를 백안시한 궁중 풍속이 세간의 정당한 '일러바침'마저 차단해 버린 것이 아닌가 추정해 볼 수 있는 대목이다.

조선 후기 실학자 다산 정약용이 양화편을 해설하면서 "남의 악에 대해 말하는 것은 마음이 험한 것이고, 하류에 있으면서 윗사람을 헐뜯는 것은 질투다稱人之惡者 險也 居下流而訐上者 妬也"라고 일갈한 것을 보면 40여 년 전 어머니의 고자질 금지령은 유구한 역사적 배경에 근거한 금과옥조인지도 모르겠다. 하지만 신고는 보호하기 위한 것이고 고자질은 벌하기 위한 것이라는 말이 있다. 동생의 손버릇을 염려한 오빠의 '일러바침'이 신고인지 고자질인지 독자 제위께 재심(?)을 부탁드린다.

『논어고금주論語古今註』에 담긴 다산의 진의를 모르는 바 아니지만, '구더기 무서워 장 못 담근다'는 말처럼, 고자질을 금하다 도둑질이 방치돼도 괜찮은 것인지 묻고 싶다. 최근 한국 사회에 봇물 터지듯 터지고 있는 소위 '미 투 운동'을 우리 사회의 고자질 금지 풍토에 대한 신세대의 반동으로 보는 건 억지일까? 갑의 횡포를 당하고도 말할 수 없었던 을의 반란이라면 확대 해석일까? 고자질을 공동체 파괴의 주범으로 간주해 온 유교적 가치관이 쇠퇴한 결과는 아닐까?

성서의 고발자들

세속 저간의 사정이 어떠한지 성서학도인 필자로선 정확히 알 길이 없지만 고자질에 대한 성서의 입장은 좀 다르다. 구약성서 욥기에는 천상의 존재인 사탄이 여호와께 욥을 참소하는 대목이 나온다. 소위 '천상 회의'(욥기 1:6~12)라고 불리는 이 장면에서 사탄은 고자질 대가로서의 면모를 유감없이 발휘한다. 그런데 고자질은 팩트에 근거해야 하건만 사탄의 참소는 모함에 가까운데도 여호와는 책망은커녕 욥에게 고난을 내려 그의 신심信心을 시험해야 한다는 사탄의 제안을 전격 수용한다(9~12절).

신구약성서에는 고발자들이 즐비하다. 예언자들이 그들이다. 성문서, 역사서, 지혜서와 함께 구약성서의 한 축을 형성하는 17권의 예언서는 구약성서의 1/3을 차지하는 그 분량만큼이나 신의 경륜을 선포하는 매우 중요한 기능을 맡고 있다. 이사야부터 말라기까지 약 300여 년간 이스라엘 남북왕조에서 활동한 수많은 예언자는 모두 고발자들이었다. 당시 이스라엘 사회 기득권층의 온갖 불의와 불법적 행태들을 가차 없이 지적하고 심판을 선포하는 것이 그들의 책무였다. 정치, 경제, 종교 등 사회 각 분야에서 여호와의 율법과 규례에 어긋나는 권력자들의 치부를 들춰내는 예언자들의 고발은 치밀하고 치열하며 때론 처연하기까지 하다. 그들의 고발엔 성역이 없다. 전통적 귀족 계급인 제사장들은 물론이고 심지어 왕도 고발의 대상이 됐다.

초대 왕 사울의 대부 사무엘 예언자는 블레셋과의 전쟁에서 대승을 거두고 돌아온 사울 왕의 면전에서 '헤렘'(=진멸殄滅)의 명령을 어긴 그의 죄를 통렬히 지적하고 폐위를 선포한다(사무엘상 15:17~19, 22~23). 사울의 뒤를 이어 즉위한 다윗 왕은 나라의 영토를 확장하고 강성대국의 기틀을 다진 강력한 군주였지만 신하의 아내를 범하고 이를 숨기기 위해 충신을 전쟁터에서 전사하게 한 뒤 그의 아내를 후실로 삼는 파렴치죄를 저지른다(사무엘하 11장). 완전 범죄로 묻힐 뻔한 이 사건은 그러나 궁중 예언자 나단에 의해 그 전모가 밝혀지고 피고발자 다윗 왕은 자신의 죄 때문에 자식의 숨이 끊어지는 광경을 지켜보는 극형을 받는다(사무엘하 12:1~19).

신약성서의 대표적인 고발자는 예수와 바울이다. 예수의 일생은 그 자체가 하나의 커다란 고발장이다. 그의 탄생은 권력 엘리트(헤롯 왕)와 지식 엘리트(마고스들, 소위 '동방박사')의 욕망과 허상을 고발하고,* 광야 시험에서 예수는 유혹자 마귀의 간계를 폭로하여 보기 좋게 물리친다. 인류사의 대헌장 산상수훈의 팔복은 세속적 가치에 함몰된 이스라엘 주류 사회의 몰가치적 행태를 고발하고, 주기도문은 당시에 만연된 기복적 과시적 종교의 민낯을 낱낱이 드러낸다. 안식일 논쟁(마태복음 12:1~15)과 성전 청결(마태복음 21:12~13)은 천년 묵은 종교 헤게모니를 향한 하늘의 전복 사건이며, 평민의 용어로 설파된 하늘나라 비유는 종교를 성역화하고 사유화하는 특권층에 대한 천상의 경고장이다. 예수의 십자가 처형은 그러므로 천상의 고발자에 대한 피고발자

---

*본서 231쪽 "구유에 누인 아기" 참조.

들의 집단 테러다.

회심 전 사도 바울은 유대교 수호의 첨병이었다. 산헤드린 공회에서 유대교 헤게모니를 정면으로 비판한 스데반 집사의 장렬한 죽음을 목도하고 나사렛 이단의 해악성을 절감한 청년 사울은 예루살렘에 있는 예수 잔당을 색출해서 고발한다(사도행전 7:51~8:3). 사울의 고발 캐릭터는 회심 후 '자기 고발self-accusing'에서 유감없이 발휘(?)된다. 그는 자신을 '비참한 자', '사망의 몸뚱이'로 규정한다(로마서 7:24). 자기 속에 악이 있음과 그 악이 자신을 죄의 굴레 속으로 몰아간다며 자신의 죄성을 셀프 고발한다(14~23절). 삼층천三層天 환상과 계시를 언급하는 대목에서도 황홀한 미증유의 체험을 과시하기보다는 자신의 약점을 숨김없이 드러낸다(고린도후서 12:1~10). 삼층천 계시의 비밀은 이러한 바울의 처절한 자기 고발 뒤에 설파됐다.

내가 약할 그 때에 곧 강함이니라(고린도후서 12:10)

'약할 때 강해진다', 역설의 진리다. 바울의 자기 고발은 그리스도의 능력이 머무는 영기靈器(고린도후서 12:9), 죄의 굴레로부터의 탈출구(로마서 8:1~2, 10~11), 그리고 그리스도의 생명을 담는 질그릇(고린도후서 4:7~11)이었다. 성서는 고발을 통해 특권을 혁파하고 불의를 바로잡는다. 예수는 그의 전 생애를 통해 땅을 향한 하늘의 고발을 선포하고 그로 인해 피고발자들에 의해 죽임당했지만 그의 고발은 실상 고발자는 물론 피고발자까지 살리는 구원의 칙령이었다.

한국 사회의 미투 운동

2018년 한국 사회 전반에 걸쳐 전개된 '미투#MeToo 운동'이 2019년 벽두부터 터진 두 전직 관료들의 잇단 '내부 고발whistle-blowing' 사건으로 이어지고 있다. 청와대 민정수석실 소속 감찰 반원이 정권 관련 인사들의 비리에 대한 자신의 감찰 보고들이 묵살됐다는 폭로와 함께 청와대를 고발했다. 전직 기획재정부 사무관은 청와대의 부당한 간섭과 지시에 굴복해 온 공직을 떠나 자신이 목도한 정권의 민낯을 국민을 향해 고발했다. 그는 내부 고발이 받아들여지는 사회가 되기를 희망한다는 유서 아닌 유서를 남기고 잠적했다 경찰에 의해 신병이 확보됐다는 전언이다.

두 고발의 사실 여부와 관계없이 필자는 이번 사건을 계기로 한국 사회의 미투 운동이 사회 전반에 내부 고발과 자아 성찰 운동으로 확산되길 바란다. 그로 인해 사회 곳곳에 독버섯처럼 자라는 불법 위법 탈법 등 온갖 악의 싹들이 발본색원되어 궁극적으로 거짓이 패퇴敗頹하고 정직이 존중받는 세상, 고발자와 피고발자가 함께 살아가는 세상이 이뤄지길 소망해 본다.

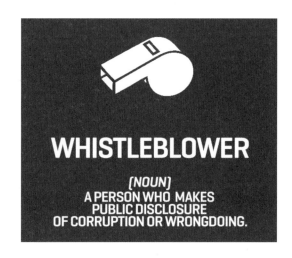

02. 대한민국은 독립했는가

덫에서 벗어나는 길은 죽음뿐,
이른바 죽음이 주는 자유다.

기미년 3·1운동 100주년을 맞이했다.* 새해 벽두부터 각 방송사와 언론에서 연일 내보내는 100주년 기념 프로그램과 홍보물들이 100년 전 그날의 기억을 소환한다. 일제의 폭압과 만행을 향한 민족적 항거의 불길이 온 누리를 살랐던 독립운동의 감격을 아직 60갑자도 돌지 못한 필자가 어찌 알까. '본 기억'이 아닌 '배운 기억'으로라도 더듬어 보지만 별무소용. 대신에 우문愚問 하나가 불쑥 고개를 내민다: '대한민국은 독립했나?'

포박된 대한민국

독립은 순우리말로 '홀로서기'다. "속박되지 않고 독자적으로 활동함"이란 사전의 정의가 잘 요약된 이 표현을 곱씹다 보니 우문은 현문일 수 있겠단 생각에 이내 컴퓨터를 켰다. 제국주의 도국의 패망으로 반도의 해방은 찾아왔

포박된 대한민국

지만 여전히 무엇인가에 속박돼 있는 75살 광복둥이의 일그러진 형상이 눈에 들어온다. 손과 발, 머리와 몸통까지 전신 포박 상태다. 정치 경제 문화 예술 체육 종교…… 대한민국 사회가 이데올

---

*2019년 작성된 글

로기 굴레, 물신주의 굴레, 이기주의 굴레에 묶여 신음하고 있다.

현재 대한민국은 무척 혼탁한 세상이 되어 있다. 온갖 부정과 부패가 만연하고 상식이 통하지 않고 불의가 판을 치는 흙탕물 속에서 우리는 살고 있다. 정의는 실종되고 오로지 황금만능주 의자로만 팽배해져 의롭지 못한 권력에 빌붙어 일신의 부귀영 달만을 누리려는 자들이 지배계층이 되어 선량한 국민 위에 군 림하고 있는 실정이다.

한국독립유공자협회 회장 임우철 옹의 깊은 탄식은 21세기 대 한민국의 독립을 묻고 있다. 보수 진보로 나뉜 채 상대를 때려서 자기 지지세력을 결속시키고 표밭 다지기에 몰두하는 정치인. 자 녀의 성적을 위해 시험지와 답안지를 유출하는 학교 교사. 기여 도寄與度 없는 자녀를 자신 또는 동료 교수의 연구 논문 공저자로 편법 등록하는 대학교수. 승부 조작으로 거액의 베팅을 거머쥐거 나 제자를 상급학교에 진학시키는 스포츠 지도자. 혈연 지연 학 연의 거미줄 같은 네트워크를 총동원해서 자녀나 친인척, 지인을 부정 입학 또는 취업시키는 지역 유지들.* '이 나라에선 법을 지 키는 게 바보' 라는 신조에 따라 사람들은 파렴치한 짓거리를 아 무런 거리낌 없이 자행한다.

국어사전은 문명의 혜택 없는 원시생활인을 '수인獸人', 즉

---

*2017년 대통령 탄핵 사건은 기실 대통령 최측근의 딸 부정 입학 발각이 그 단초 아 니었던가.

'짐승 같은 사람'이라고 정의한다. 그렇다면 고도의 문명과 교육의 혜택을 누리고도 인간으로서 최소한의 양심조차 꽁꽁 묶어 버린 그들에겐 구약성서 시편의 일갈이 맞을지 모르겠다.

> 존귀에 처하나 깨닫지 못하는 사람은 멸망하는 짐승 같도다(시편 49:20)

성공과 출세를 위해서라면 배려와 상생의 가치를 짓밟고 수단 방법을 가리지 않는 대한민국 주류 사회는 흡사 야수들의 소굴과 다르지 않다. '총체적 난국'이란 말은 회생에 대한 일말의 기대라도 가능할 때 사용하는 표현이다. 멸망하는 짐승들(?)이 활보하는 이 사회에선 그런 기대조차 힘들어 보인다. 살아선 도저히 벗어날 수 없고 죽어야만 벗어날 수 있는 덫에 걸린 절망의 상황이랄까?

아홉 번째 지옥의 얼음 호수에 갇힌 괴물 _ 단테(Alighieri Dante)의 『신곡』 중

열 번째 지옥

지난 세기 순국선열의 피로 해방을 쟁취하고 자유를 지켜 낸 반도 독립국의 현실은 참담하게도 총체적 결박 상태다. 마치 단테의 『신곡』에 등장하는 아홉 번째 지옥의 얼음 호수에 갇혀 버린 그 괴물처럼 명문대병, 대박병, 출세병, 경쟁의 올가미에 걸려들어 인간 사냥에 광분한 짐승들이 득실거리는 이곳은 가히 열 번째 지옥이 아니겠는가. 성서는 이처럼 죄악의 굴레에 얽매인 존재를 '죽음의 몸뚱이'로 묘사한다.

> 오호라 나는 곤고한 사람이로다 이 사망의 몸에서 누가 나를
> 건져 내랴(로마서 7:24)

마음이 원하는 선의善意를 따르지 않고 줄곧 악을 추종하는 자신의 육체를 사도 바울은 '사망의 몸'이라 일갈한다. 육신 속에 들어앉아 있는 악에게 결박된 채 죄 아래 질질 끌려다니는(21~23절) 짐승 같은 자신의 몰골을 향한 사형 언도다. 언필칭 '절망'이다. '사망의 몸'과 함께 언급된 '곤고한 사람'이란 표현은 덫에 걸린 자신의 실존적 절망을 인정하는 사도의 처절한 자기 고발이다. '곤고한 사람', '사망의 몸'외에도 다섯 차례 반복되는 바울의 자기 죽음 선언[9, 10, 11, 13절(×2)], 죄의 노예가 된 바울(14, 23, 25절), 죄와 악이 상존하는 바울(20, 21절), 행악자인 바울(15, 19절)……, 9절부터 쏟아지는 자기비판의 언술들이 가혹하고 단호하다. 그는 철저하게 묶여 있다. 위대한 사도이며 심원한 영성의 소유자인 바울이 욕망과 죄성에 사로잡힌 한낱 육체에

불과하다니…… 지나친 겸손의 언사일까? 복음의 정수를 설파하고 사랑의 헌장을 선포한 신앙의 거인이 그저 육체의 소욕에 매여 이리저리 비척거리는 초라한 존재였다니.

죽음이 주는 자유

처연하기까지 한 사도의 자기 비하를 어떻게 이해해야 할까? 그 이해의 실마리는 이어지는 반전 멘트에서 찾을 수 있다.

> 우리 주 예수 그리스도로 말미암아 하나님께 감사하리로다 그 런즉(ἄρα) 내 자신이 마음으로는 하나님의 법을, 육신으로는 죄의 법을 섬기노라 그러므로(ἄρα) 이제 그리스도 예수 안에 있는 자에게는 결코 정죄함이 없나니 이는 그리스도 예수 안에 있는 생명의 성령의 법이 죄와 사망의 법에서 너를 해방하였음 이라 (7:25~8:2)

마치 흉악범을 단죄하는 기소장 같은 사도의 자기 고발이 절망 선언과 사형 언도에서 절정에 이르렀을 때 갑자기 분위기는 반전되고 감사의 찬미가 울려 퍼진다. 그리고 이어지는 두 개의 접속사 '아라ἄρα'는 감사 찬미의 이유이자 자기 고발의 결과를 두 단계로 설명한다. 절망 선언과 사형 언도의 결과 바울에게는 신의 법을 섬기는 마음과 죄의 법을 섬기는 육신이 나뉘는 존재의 구분이 구현되고(첫째 단계), 이 구분이 곧 죄와 사망의 법으로부터의 해방을 안겨다 준다(둘째 단계)는 것이 사도 바울이 체득한 구원의 진리다. 덫에 걸린 짐승이 덫에서 벗어나는 길은 오직 죽음

뿐이다. 살려고 바둥거릴수록 덫은 더욱 깊게 파고든다. 죄에 묶여 꼼짝달싹할 수 없는 자신을 향해 죽음을 선언하는 것만이 죄의 덫에서 해방되는 길이다. 이른바 죽음이 주는 자유다. 죄악의 올가미에 옭혀 악을 행하는 나, 죄의 노예가 되어 선한 것을 기대할 수 없는 나를 향한 절망과 사형 언도가 곧 사는 길이며 자유의 길이라는 대반전 구원이 사도의 실존적 경험을 거쳐 반포된다.

자력으론 탈출할 수 없는 죄의 덫을 셀프 죽음 선언으로 벗어나는 성서의 자유론은 100년 전 제국주의의 식민지배를 향해 죽음으로 저항한 반도 백의민족의 독립 정신으로 체화됐다. 조국의 해방을 위해 육신을 내던진 선열들은 죽음으로 자유를 쟁취한 반전 구원의 주역들이었다. 그러나 한갓 육신의 탐욕에 매여 사익을 좇아 불법 탈법 위법 편법을 자행하는 대한민국 'SKY캐슬 거민들'에게 3·1운동 100주년은 무슨 의미일까? 그들에게도 그날의 함성이 들릴까?

세계사에 빛나는 전민족적 자생적 구국의 용트림인 3·1운동은 결코 구호나 행사 같은 것으로 기념될 수 없다. 아니 '기념'이어선 안 된다. 계승이 독립 후손의 도리다. 민족의 독립을 위해 일신은 물론 가족과 재산까지 내놓은 애국 영령들. 일제의 총칼 앞에 굴하지 않고 태극기를 흔들며 '대한 독립 만세'를 외쳤던 순백의 열사들. 자유를 향한 그들의 뜨겁고도 처절한 갈망은 마지막 숨이 끊어지는 순간에도 손에 들려 있던 붉은빛 태극기에 오롯이 담겨 100년의 시공을 넘어 오늘 우리에게 쥐어졌다. 출세와 영달의 노예로 전락한 독립국의 가련한 후손들이여! 이 태극기를 정녕 어찌할 것인가. 죄와 탐욕의 식민으로 살아온 삶을 향해 사망을 선고하고 그대들의 SKY캐슬 안에 조기를 게양하는 것이 이제라도 선열들의 정신을 기억하고 계승하는 참회의 첫걸음이 아니겠는가.

대한민국 주류사회를 점령하고 있는 암울한 시대정신(출세 지향성, 특권 의식, 명문대병, 물신주의)이 혹자들의 지적대로 일제강점기 식민 사관의 잔영이라면 3·1운동 100주년이 되는 2019년은 전국민적 부고訃告를 알리는 원년이어야만 한다. 조선총독부의 마지막 총독인 아베 노부유키(현 일본 아베 총리의 조부)가 패퇴하면서 남긴 저 일침이 역설적이게도 반도 독립국 후손들의 자아 죽음 선언을 촉구하고 있다.

> 우리는 패했지만 조선이 승리한 것이 아니다.
> (중략)
> 우리 일본은 조선민에게 총과 대포보다 무서운
> 식민교육을 심어 놓았다.
> 결국은 서로 이간질하며 노예의 삶을 살 것이다.
> 보라! 실로 조선은 위대했고 찬란했지만 현재 조선은 결국
> 식민교육의 노예로 전락할 것이다.
> 그리고 나 아베 노부유키는 다시 돌아온다.

나를 옭아매는 모든 힘으로부터의 자유, 곧 홀로서기가 자신을 향한 죽음 선언으로 이뤄진다는 성서의 반전 구원은 자유 잃은 100주년 독립 후손들이 미래의 100년을 향해 낭독해야 할 독립선언서다. 당신은 독립했는가?

03. 두 개의 독립 선언문

촛불혁명으로 들어선 정권이나
그 촛불로 불태워진 정권이나
도긴개긴임을 국민 앞에 증명해 보였다.

吾等은 茲에 我 朝鮮의 獨立國임과 朝鮮人의 自主民임을 宣言
하노라(오등은 자에 아 조선의 독립국임과 조선인의 자주민임
을 선언하노라).

반만년 민족의 기상이 꿈틀거리는 기미년 독립 선언문의 첫 문
장. 유구한 역사를 지닌 민족적 자긍심을 고취하는 이 선언문이
그런데 2019년을 살고 있는 필자에게 의문문으로 들리는 건 무슨
이유일까?: '오등은 자에 아 대한민국의 독립국임과 대한국민의
자주민임이 의문이도다!' '홀로서기', 곧 나 혼자 설 수 있는 능
력이 '독립獨立'이고 스스로 처리하는 걸 '자주自主'라고 한다
면 3·1운동 100주년과 광복 74주년을 맞이하는 대한민국은 현재
독립국이고 한국인은 이제 자주민이 된 것일까?

시계視界 제로의 대한민국 상층부

- 아파트 시세 차익만 20억이 넘는 국토부 장관 후보자
- 철거민의 아픔이 서린 곳에 일명 '딱지 투자'로 16억의 이익
  을 본 행안부 장관 후보자
- 두 아들의 병역 혜택과 취업 특혜 논란에 휩싸인 과기정통부
  장관 후보자
- 일 년 생활비가 4억 6천만 원인 중기부 장관 후보자
- 투기과열지구 지정을 코앞에 두고 땅값 상승이 기대되는 재개
  발구역 건물을 사들인 청와대 대변인

지난 2019년 3월 8일 문재인 정부 2기 개각 때 임명된 장관 후보자들과 그 인사 직후 사퇴한 청와대 대변인의 면면은 첫째, 촛불혁명으로 들어선 진보 정권이나 그 촛불로 불태워진 보수 정권이나 도긴개긴임을 국민 앞에 증명해 보였고 둘째, 그러므로 독립국 대한민국의 주류사회가 물신物神의 마수에 단단히 붙잡혀 있다는 필자의 진단(앞의 글 "대한민국은 독립했는가" 참조)이 틀리지 않았음을 확인시켜 주었다.

보수와 진보 이데올로기로 양분된 채 상대를 두들겨 지지세를 끌어모아 금배지 달고 권력을 나눠 갖는 이 나라 상층부는 마치 최악의 미세먼지로 숨 막혔던 3월의 회색 하늘처럼 시계視界 제로 상태다. 그들에겐 눈앞의 사익만 있고 이웃과 지역사회, 국가와 민족의 공익은 관심 밖이다. 한반도 전역을 뒤덮은 독립의 달 3월의 잿빛 대기는 권력욕 출세욕 과시욕으로 혼탁해진 독립국 후손들의 영적 기상도에 다름 아니었다.

오래전 공항세관 여행자 휴대품 검사원으로 근무할 때의 일이다. 런던을 다녀온 한 여행자의 짐에서 버버리Burberry 브랜드 의

류들이 여러 개 나왔다.* 버버리 티셔츠와 목도리부터 재킷과 코트까지 모두 현지에서 구매한 면세품들이었다. 전문 장사꾼은 아닌 걸로 보여 면세 범위를 약간 초과해서 일부를 돌려주고 일부는 과세했다. 나름 선처(?)를 베푼 것인데도 떨떠름한 표정을 하고 있는 40대 중반의 그에게 직업을 물었더니 음대 교수란다.

"이 세계에선 이 정도는 입어야 해서요."라는 하소연성 변명을 듣고 있는데 부아가 치밀었다. 괜히 봐줬다는 후회와 함께 의문이 들었기 때문이다: '이 세계? 이 정도?' 공무원 월급에 맞먹는 유명 브랜드 옷들을 입어야 어울릴 수 있는 '이 세계'는 어떤 세계인가? 일명 '버버리 캐슬' 거민들은 이런 옷들만 입는다고? 똑같은 버버리 문양의 베이지색 코트와 재킷을 걸치고 캐슬을 드나드는 '이 세계' 분들……, 결국 고○이 고○? 구분이 안 되겠구먼!

독립국 후손들의 몰자주성沒自主性

'이 정도' 옷을 입고 '이 세계'에 사는 사람들은 돈 출세 권력이 시키는 대로 생각하고 움직이는 꼭두각시가 아닐까? 자기의 문양, 자기의 색이 말살된 채 욕망이 선택해 준 옷을 입고 그것으로 자신의 위상을 과시하는 그들에게 3·1운동 독립 선언문의 '독립'과 '자주'의 가치는 무슨 의미로 들릴까? 해외 명품 브랜드를 휘두르고 럭셔리한 그 세계의 일원으로 살아가는 이들에게 패션의 거장은 이렇게 충고한다.

---

*당시는 해외여행 자유화가 시행된 지 얼마 안 된 시기여서 외국의 유명 브랜드 의류는 일반 여행자들의 필수 쇼핑 항목이었다.

남들이 아름답다고 하는 것이 아닌 자신이 원하는 것을 보라.

럭셔리한 삶이란 자기 자신에게 가장 어울리는 삶이다.

세계적인 브랜드 샤넬의 수석 디자이너 칼 라거펠트(1933~2019). 패션계의 교황으로 추앙받는 거장의 눈에 그 세계 사람들의 명품 패션은 어떤 모습으로 비칠지 궁금하다. 상류층의 고가 의류뿐 아니라 유초중고 학생들의 교복과 가방까지 점령한 유명 브랜드 문양은 자신의 가치를 자기가 아닌 타자에게서 찾으려는 부끄러운 독립 후손들의 몰 자주성沒自主性을 고발하는 것 같다. 그 세계 사람들의 기호와 기대에 자신을 맞추기 위해 공항에서의 망신살까지 각오한 그 교수는 심리학자 에리히 프롬이 말한 자아 상실자가 아닐까?

인간은 타인이 그에게 기대하는 것을 느끼고 원하며 그러느라 자유로운 인간의 진짜 확신의 근거가 될 자아를 상실했다. (중략) 나라는 존재가 타인이 나에게 기대하는 존재에 불과하다면 나는 과연 누구인가? (중략) 나는 '네가 원하는 나'일 뿐이다.

'네가 원하는 나.' 페르소나persona 인생이라고 할까? 입혀 주는 대로 입고 세우는 대로 서 있는 마네킹 인생이라고 할까? 수년 전 일이다. 동네에 새로 생긴 어린이집 이름이 '리라어린이집'이 길래 서울 중구에 있는 리라초등학교나 리라유치원의 분원인지 궁금해 문의했더니 관련이 없다고 했다. 어린이집 대표나 원장이 리라 출신도 아니고 리라유치원의 커리큘럼을 사용하는 것도 아니었다. 전국적으로 '리라'란 이름을 가진 유치원과 어린이집이 꽤 많지만 대부분 학교법인 리라학원과 무관하다는 학교 측 답변이었다.

'리라'는 본래 일반 명사가 아니고 그 학교 설립자 자녀의 이름이지만* 지금은 60년 가까운 역사의 소위 '명문 사학'을 상징하는 일반 명사화됐다. 결국 리라 학원과 아무 관련이 없는 유치원과 어린이집에 그 이름을 붙이는 건 명문 사학의 브랜드가 필요했던 게 아닐까? 내 것으론 승부할 자신이 없어 남의 브랜드 파워가 필요했으리라.

일반 명사의 삶, 고유 명사의 삶

> 나의 가치가 나에게서 실현되지 않고 저 멀리 있는 외부의 것에 편승해서라야 실현된다고밖에 생각하지 못하게 된 이 상황, 내가 사라져 버린 이 상황, (중략) 자기 삶의 양식이 자기로부터 나오지 않은 삶은 (중략) 결코 정상일 수 없다. 자발적이지 않은 것에는 생명력이 없다.

철학자 최진석은 자기 고유의 가치를 발견하지 못하고 타자의 가치에 기대는 삶을 이렇게 적시하고 이를 '일반 명사의 삶'이라고 평가했다. 자기 자신, 자기만의 것, 즉 고유 명사의 삶이 없이 타자의 것, 타자의 브랜드 밑에 숨는 일반 명사의 삶은 자발성과

---

*2019년 현재는 그 자녀가 교장이다.

자부심이 결여된 비자주적 삶임을 갈파한 것이다. 그러면 교회는 어떨까? 예수 그리스도의 은혜로 죄에서 해방된 자유인의 삶을 누리고 있을까? 유일신 초월자의 자녀가 된 자긍심 속에 그 어떤 탐욕과 세속적 욕망에도 끌려다니지 않고 당당하게 신자神子의 삶을 살고 있을까?

　　"서울 큰 교회 안수집사라는 사람이 한 달간 다녔는데 자기 교
　　회와 목사님 자랑을 어찌나 하던지."

　지방 출장 차 내려가 잠시 머문 산골 교회에서 자기가 다니는 교회와 목사 자랑을 한껏 늘어놓고 가 버린 그 안수집사에게 들려주고 싶은 독립 선언문이 있다.

　　자유를 위하여 그리스도께서 우리를 자유롭게 하셨으니 그러
　　므로 굳세게 서서 다시는 종의 멍에를 메지 말라(갈라디아서
　　5:1, 필자 譯)

대형 교회와 스타 목사의 브랜드를 과시하는 그는 과연 십자가 대속의 은혜로 죄와 사망의 세력으로부터 자유로운 고유 명사의 신앙을 알기나 하는 것일까? 지금까지 자주독립국 국민으로서 진짜 럭셔리하게 살고픈 이들을 위한 두 개의 독립 선언문이었다.

04. 따로 또 같이1

'다일공동체'……
다양성이 담보된 일치가 가능할까?

1988년 11월, 청량리 쌍굴다리 밑, 라면 배식을 시작으로 지난 30여 년간 '밥퍼 사역'을 펼쳐 온 밥상공동체. 매일 수천 명의 굶주린 이웃에게 식사를 제공하고, 의료 사각지대에 놓인 소외층을 위해 무료 병원을 운영할 뿐 아니라 전 세계 10개국 17개 분원에서 사랑과 나눔의 사역으로 오병이어의 기적을 구현하는 글로벌 복지재단. 한국 개신교의 대표적인 초교파 자선 단체로 발돋움한 '다일공동체'(대표 최일도 목사)는 개인 구원과 교회 성장 프레임에 갇힌 개신교의 영적 지형에 사회 구원과 교회 성숙의 화두를 깊숙이 안착시킴으로써 믿음과 행위의 불일치, 신앙과 윤리의 괴리라는 고질적인 이원론을 극복한 교회사적 진전을 이뤄냈다는 평가를 받는다.

그런데 '다일공동체'의 이와 같은 기여와 업적에도 불구하고 필자는 "다일"이란 타이틀의 문제점을 언급하지 않을 수 없다. "다일"이 의미하는 '다양성 안에서의 일치'라는 개념에 의문이 남기 때문이다.

다일多─과 코이노니아

'다양성 안에서의 일치'는 가능한 것인가? '일치'는 하나가 된다는 말인데 하나가 되면 다양성이 담보될 수 있을까? 다양성이 훼손되지 않는 일치가 가능할까? 의견 일치, 정경 일치, 정교일치 등 서로 다른 두 개 이상의 객체들이 하나로 통일되는 '일치'는 자칫 그 객체 본연의 특성과 특질이 훼손 내지는 간과될 가능성이 내포된 말로서 다양성과 병용할 수 있는 개념이라고 보기 어렵다. 그런 의미에서 '일치'는 공동체와 개념상 충돌한다. 성서적 공동체 원리인 '코이노니아koinonia'는 '교제fellowship', '참여participation', '나눔sharing', '기여contribution'를 의미하는데 그 구체적인 적용 방안이 고린도전서 12장의 소위 '지체론肢體論'이다.

사람의 몸과 몸의 각 지체 간의 관계 비유를 통해 제시된 지체론은 다른 지체들의 존재를 인정하고(고린도전서 12:12~14) 각 지체의 가치와 역할을 존중하며(15~21절)(이상 '교제와 참여'), 지체 간 우열이 없이 서로를 돌보면서(22~25절) 서로의 아픔과 기쁨을 공유하는(26절)(이상 '기여와 나눔') 공동체를 의미한다. 이 지체론이 구현된 공동체를 성서는 예수 그리스도의 몸이라 부르고(27절) 그 몸의 최소 단위가 제도로서의 교회다. 요약하면 공동체란 손, 발, 눈, 귀 등의 다양한 기능과 역할을 맡은 지체들로 구성되고 그 다양한 지체들이 각자의 역할과 기능에 충실하여 서로를 돌보고 서로를 필요로 하는 관계 형성체로 정리할 수 있겠다.

화이부동和而不同

이와 같이 다양한 지체들의 상호 관계 형성을 통해 구현된 몸으로서의 공동체는 그 속성상 '일치'와 양립하기 어렵다. 고린도 전서의 '지체론'은 '화和'의 논리, 곧 '융화', '화합', '조화'의 개념이기 때문이다. 각 지체의 기능과 역할이 하나로 통일되는 게 아니다. 지체 하나하나가 따로따로 작동을 하는데 그 작동이 강요나 강제에 의해서가 아니라 자연스럽게 서로 모아져서 더 큰 하나의 작동을 구현해 낸다. 그것이 '화'다. 이는 마치 퍼즐 조각과 같다. 각각 다른 그림이 그려 있는 작은 퍼즐 조각 하나하나가 서로 맞춰지면 커다란 그림이 완성된다. 자기의 그림과 모양을 유지하면서 서로 연결될 때 새로운 그림이 탄생하는 것이다.

이렇게 퍼즐 조각들이 퍼즐 판의 자기 위치에 들어가서 또 다른 그림이 완성된 것을 퍼즐 조각들의 일치라고 말할 수 있을까? 아니다. 그건 일치보단 융화, 화합이다. 자기의 그림, 자기의 모양을 그대로 유지한 채 서로 만나서 또 하나의 더 큰 그림을 창출하는 상황은 퍼즐 조각들의 융화라고 보는 게 옳다. '和'는 쌀(禾)을 같이 먹는다(口)는 뜻인데 이는 공산주의 사회의 쌀 배급처럼 피지배층에 대한 지배층의 일률적인 시혜를 말하는 게 아니다. 목숨줄을 독점한 권력에게 밥그릇을 내밀어야 하는 상황은 '화'가 아니라 '일치'다. 목숨을 부지하기 위한 굴복을 융화나 화합으로 볼 수 없기 때문이다.

> 군자는 화和하되 동同하지 아니하며 소인은 동同함에도 불구
> 하고 화和하지 못한다. _「子路」

『논어』의 "자로편子路篇"에 나오는 일명 '화동론和同論'은 고린도전서의 지체론과 맥을 같이한다. '화' 하면서 '동' 하지 않음, 즉 '화이부동和而不同'은 융화하면서도 같은 것이 되지 않는다는 뜻인데 이는 그리스도의 몸을 이루는 각 지체의 관계 설정과 유사하다. 퍼즐의 조각들이 서로 붙어서 하나의 그림을 만들어 내면서도 각자의 다름이 유지되듯, 그리스도의 몸을 구성하는 지체들은 각자의 기능을 발휘하면서 서로 연결되어 머리 되신 그리스도의 몸을 이뤄낸다. 일치는 다름을 수용하기 어렵다. 각 지체의 다름을 인정하는 순간 그건 일치가 아닌 융화이고 조화다. 화는 동이 필요 없다. 아니 동이어선 안 된다. 각 지체가 동이 되면 이미 몸이 아니기 때문이다.

> 만일 다 한 지체뿐이면 몸은 어디뇨(고린도전서 12:19)

따로 있되 같이 있는 것, 그것이 '화' 다. '따로 또 같이', 이것이 성서가 말하는 공동체 원리, 곧 다양성 안에서의 융화다.

성서적 공동체 원리

각자의 개성과 역할이 동등하게 존중되면서 퍼즐 조각처럼 맞춰지는 '화' 의 관계가 코이노니아다.

> 몸은 하나인데 많은 지체가 있고 몸의 지체가 많으나 한 몸임과 같이 그리스도도 그러하니라(고린도전서 12:12)

코이노니아가 구현된 것이 그리스도의 몸이며 그리스도의 몸을 지향하는 지상에서의 기본체가 교회다. 따라서 성서적 교회는 '따로 또 같이' 다. 여기엔 우열, 계급, 차별이 없으며 평등, 질서, 존중의 가치가 있다. 사도, 선지자, 목사, 교사, 전도자는 계급이 아닌 직책이며 능력, 치유, 구휼, 방언, 방언 통역 등의 은사들은 우열이 아니라 다름이다. 직책과 은사에 계급과 우열이 있으면 코이노니아의 원리는 깨어지고 한 몸 되게 하는 성령의 사역은 중단될 수 있다(고린도전서 12:4~13).

그렇다면 지상의 교회, 즉 제도권 교회는 그리스도의 몸으로서의 공동체인가? 개신교 교회 내 직책(목사, 전도사, 장로, 집사, 평신도 등)은 계급이 아니고 질서이며 우열이 아니라 다름이라고 할 수 있을까? 가톨릭교회의 사제와 신자는 그리스도의 몸을 구성하는 지체로서 동등한 관계로 볼 수 있을까? 목사나 신부 등의 성직자가 설교, 교리강론을 전담하고 예배와 미사 등 종교의식

의 배타적 중심이 되는 제도권 교회의 관습은 과연 고린도전서의 '지체론'에 부합하는가? 그리고 재정과 치리 등 교회의 운영권과 결정권이 성직자에게 편중돼 있는 상황이 코이노니아 원리에 맞는 것인가?

성직자와 평신도의 구분이 다만 질서와 직책을 위한 것이고 우열이나 계급의 구분이 아니라면 평신도가 목사에게 축복하고 목사도 평신도의 가르침을 듣는 건 코이노니아 공동체의 자연스러운 현상일 것이다. 담임목사가 정식 절차를 무시하고 교회 재정을 사재私財처럼 전용하는 관행. 유명 설교자를 집회 강사로 초빙하기 위해 전 교인이 예수님 기다리듯 그를 기다리는 집단적 의존성. 특정 장소, 특정 교회, 특정 목사에게 특별한 신의 은혜가 있다는 은혜 독점주의 등은 "은사는 여러 가지나 성령은 같고 직임은 여러 가지나 주는 같으며 또 역사는 여러 가지나 모든 것을 모든 사람 가운데서 역사하시는 하나님은 같으니"(고린도전서 12:4~6)라는 공동체 원리에 맞는가?

친한 집사 부부가 최근에 교회를 옮겼다. 이유는 담임목사의 전횡이다. 교인들과의 정 때문에 망설였던 천교遷敎를 결행한 것이다. 청년부 부장집사인 자신에게조차 교회 재정 장부를 보여주지 않는 담임목사 측근의 행태를 보고 결심했단다. 그 부부에게 말해 주었다.

"잘하셨습니다. 그래야 무너지고, 무너져야 다시 세우십니다. 하나님께서!"

05. 따로 또 같이2

다른데 어울리는 것,
달라서 어울리는 것,
그것이 하나님 나라.

칼럼 집필 중 우연히 '연화'를 만났다. '연화씨'(?)가 아니라 '연화連和'라는 낱말이다. '(둘 이상의 독립한 것이) 뭉쳐 하나의 조직체를 이루다' 또는 '(둘 이상의 독립한 것이) 뭉쳐 뜻이 맞게 어우러지다'란 단어의 뜻이 코이노니아에 꼭 들어맞는다. 성서의 공동체 원리를 고스란히 담아낸 우리말이 있다는 게 반가웠다. 융화, 조화, 화합, 연합 등의 단어와 달리 "둘 이상의 독립한 것"이라는 단서가 붙는 '연화'는 '따로 또 같이'의 대체 한자어로 안성맞춤이다. 코이노니아의 우리말 번역으로 '연화공동체連和共同體'를 사용해도 손색이 없겠다. 의미도 어감도 코이노니아의 파트너로 적격이다.

전편 칼럼 "따로 또 같이(1)"에서 고린도전서 12장의 지체론을 통해 코이노니아의 의미를 개관했다. '독립체들의 어우러짐', 즉 개체들의 독립성이 유지되면서 그 개체들이 어우러지는 코이노니아 구현을 위해선 독립성의 보존 및 독립체들의 어우러짐이 관건이다. 개체들의 독립성 보존이란 무슨 뜻인가. 그건 '다름의 존중'일 것이다. 개체들이 서로의 다름을 인정하고 존중하는 것이 어우러짐의 전제 조건이면서 동시에 어우러짐을 가능케 하는 추동력이다. 서로의 다름을 인정하고 존중할 때 비로소 어우러짐이 가능해진다.

단풍미丹楓美의 비밀

독자들은 단풍의 아름다움의 비밀을 아는가? 범인凡人을 시인 되게 하고 화가들의 현란한 붓 터치를 창출하는 단풍의 화려한 미는 다름에 그 비밀이 있다. 형형색색 온 산을 물들이는 수많은 단

풍잎은 각각 색, 모양, 크기가 다르다. 단풍 이파리들의 붉은 색, 노란색의 농도는 언뜻 같아 보이지만 실제론 조금씩 다르다. 모양도 다르고 크기 역시 같은 게 하나도 없다. 나만의 색, 나만의 모양, 나만의 크기를 뽐내는 수천, 수만 아니 수십, 수백만 개 이파리들의 어우러짐, 그것이 단풍미의 비결이다. 동서고금을 막론하고 남녀노소 모두의 사랑을 받는 단풍의 절경은 각자의 색, 각자의 모양, 각자의 크기를 가진 이파리들의 '자기 자랑 한마당'이다. 단풍의 세계는 곧 대자연의 세계, 나아가 하나님 나라의 투영이다. 다른데 어울리는 것, 또는 달라서 어울리는 것, 그것이 자연의 원리이며 하나님 나라의 실체다. 다름은 자연스러움이다. 다르지 않다면 자연스럽지 않은 것, 곧 인위적인 것이다. 평양의 능라도 경기장을 가득 채운 3만 군중이 연출하는 화려한 카드 섹션을 보고 아름답다고 할 사람이 있을까? 같은 크기, 같은 색조, 같은 모양의 카드들이 만들어 내는 장관은 아름답기보다 차라리 섬뜩하다.

이렇게 자기의 색, 자기의 모양, 자기의 크기를 잃어버린 개체들의 총합은 다름이 배제된 획일화로서 이는 반자연적이다. 해마다 되풀이되는 조류독감, 구제역 같은 가금류의 집단 전염병은 동일한 장소에서 동일한 사료를 먹고 동일한 항생제 처방을 받는 사육 환경의 획일화로 인해 유전자 다양성이 사라진 게 원인이라고 한다. 조류독감의 매개체로 지목된 철새들이 정작 조류독감 바이러스에 의해 몰살되는 경우가 거의 없는 것은 유전적으로 서로 다르기 때문이라는 것이 학계의 중론이다. 수천 년 동안 인류는 대량 생산을 위해 농업과 축산업을 집단화, 획일화했다. 우량 품종을 선별해서 한 장소에 한 종류의 농작물이나 가축을 집중 재배하고 사육하는 집약적 농축산업은 농작물이나 가축의 유전적 다양성을 고갈시켰고 그 결과 특정 해충이나 전염병이 돌면 그 피해는 걷잡을 수 없이 퍼지게 된다. 지하수 오염원이 되고 있는 가금류의 대량 살처분은 다름을 거부하는 반자연성의 '생태폭력'이다.

'따로' 없는 '같이'

고대 그리스 신화에 등장하는 프로크루스테스는 다름에 대한 폭력의 상징적 존재다. 아테네 근처 케피소스 강가 여관 주인인 프로크루스테스는 잠든 손님을 침대에 묶은 뒤 침대보다 키가 작으면 다리와 목을 잘라 늘여 침대 길이에 맞추고 침대보다 크면 다리를 잘라 내 맞추는 일명 '인체 재단사'다. 자신과 다른 것을 용납하지 않는 인간의 본성을 묘사하는 신화는 인간에게 내재된 집단주의 또는 전체주의 지향성의 가공할 폭력성을 경계한다. 하나의 이데올로기를 개체들에게 가르치고 이를 강요하는 집단성은 그와 다른 이데올로기를 주장하는 또 다른 집단성과 필연적으로 충돌하게 되고 그 충돌은 집단에 대한 개체들의 충성과 복종을 더욱 강화시켜 결과적으로 개체의 개별성이 말살되는 전체주의 괴물을 낳는다.

다름이 없는 일치, '따로'가 없는 '같이'는 개체에 대한 폭력이며 반인륜적 테러다. 다름을 인정하지 않고 일치를 강요하는 프로크루스테스적 폭력성은 과거 산업화 시대 한국 사회 곳곳에 집단주의와 전체주의의 암영을 깊게 드리웠다. 그리고 그 암영은 '줄 세우기', '편 가르기', '줄 대기'라는 반자연적 반공동체적 사회악들을 독버섯처럼 자라게 했다. 반자연적 집단성에 매몰된 사고 체계는 다름을 적으로 간주할 뿐 아니라 일치를 거부하는

개체를 제거한다. 히틀러의 나치즘이 그 예다. 게르만 우월주의라는 집단성을 개체들에게 고취시켜 그 집단성과 충돌하는 유대 선민주의를 제거의 타깃으로 삼은 것이 바로 나치 정권의 인종 말살 정책 '홀로코스트' 다. 동화하지 않거나 일치되지 않는 것은 적이며 악이기에 이를 제거하는 건 '공동의 선' 으로 합리화된다. '정치란 일치가 아닌 불일치를 생산하는 것' 이라는 현대 프랑스 철학자 자크 랑시에르J. Rancière의 일갈은 보수와 진보 진영 논리에 함몰되어 다름에 귀 기울이지 않고 차이를 배격하는 한국 사회의 이분법적 '이데올로기 폭력성' 을 향한 질타로 들려온다.

> 너와 나의 얼굴은 다르지만, 너와 나의 생각은 다르지만
> 틀린 것은 아니야 다른 것뿐이야 _ 동요 〈존중〉中

사람들이 종종 'A와 B가 다르다' 를 'A와 B가 틀리다' 로 말하는 경우를 볼 때마다 의문이 든다. '다름' (difference, 異)은 '틀림' (wrongness, 誤)이 아니고 두 단어의 사전적 의미는 분명히 다른데도 사람들은 왜 '다름' 이란 의미를 '틀림' 이란 단어로 표현하는 것일까? 영어는 물론 한자어도 전혀 다른 두 단어 간의 이런 비정상적 어법이 언제부터 우리 사회에 통용되었는지 궁금하다. 이에 관한 전문 연구나 보고가 있는지 모르겠지만 이것이 유독 우리나라에서만의 현상이라면 지난 역사적 사회적 배경에 원인이 있지 않을까? 권위와 질서를 강조해 온 전통적 유교 사회에서 다른 의견, 다른 관점은 수용되기 어려웠다. 기존의 것과 다른 새로운 것은 정통을 위협하는 이단으로 간주되고 '다른 것' 은 나

쁜 것, 잘못된 것 곧, '틀린 것'으로 낙인찍혀 주류 사회에서 퇴출당하기 일쑤였다. 조선 시대 오백 년 동안 끊이지 않은 당파와 학파들의 분열과 반목의 역사는 다름을 틀림으로 치환하는 기형적 사고 체계 형성의 원인遠因이라면 억측일까? 봉건 시대에서부터 일제 강점기와 군사독재로 대변되는 근대 국가주의 시대를 거치면서 개체들의 다름은 공동체 분열의 원흉이란 누명이 씌워진 채 통합과 단결의 명분에 의해 억압되었다는 분석이 설득력 있지 않을까?

연화공동체 우주

지구를 뒤덮고 있는 자기장은 자기磁氣의 '다름'과 '같음' 듀오가 연출하는 거대한 '따로 또 같이' 향연이다. 지구는 같은 극끼리 밀어내고 다른 극은 서로 잡아당기는 일명 '우주적 밀당'의 장이다. 다르면 당기고 같으면 미는 자기장은 태양이 분출하는 어마어마한 에너지로부터 지구의 생명체를 보호하는 방호벽이며 지구의 낮과 밤, 중력, 풍향과 풍량, 그리고 해류의 이동까지 조절하는 '지구 방위대'이다. 이처럼 다름과 같음의 무한 연동을 통해 지구를 지키고 살리는 자기장은 가장 지구적인, 즉 '자연스

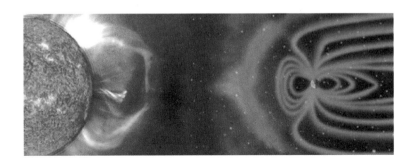

러운' 원리다. 다르면서 같고 같으면서 다른 자연의 원리, 그것이 바로 연화공동체 곧 성서가 말하는 코이노니아다.

> 몸은 하나인데 많은 지체가 있고 몸의 지체가 많으나 한 몸임
> 과 같이(고린도전서 12:12)

사도 바울이 통찰한 우주적 그리스도의 몸은 하나면서 여럿이고 여럿인데 하나인 연화공동체다. 각 지체가 따로 있으면서 같이 있고 같이 있으면서 따로 있는 그것이 그리스도의 몸, 곧 교회다. 봄꽃들이 만개한 5월의 산야를 가보았는가? 개나리, 진달래, 철쭉 등 누구나 아는 꽃에서부터 이름 모를 들꽃에 이르기까지 봄 동산을 수놓은 다양한 꽃들의 모양, 색, 크기가 어쩜 그리 다른지. 다르니 지루하지 않고 종일 봐도 싫증나지 않는다. 다름의 향연이다. 다르기에 어울리고 어울리기에 아름다운 연화공동체를 우리들의 교회와 사회에서, 그리고 내년 봄 동산에서 다시 보고 싶다.

06. 사소한 것에 영생이 달렸다

리처드 칼슨은 책을
다시 써야 하지 않을까?

미국에서 2년 연속 베스트셀러 1위를 차지하고 국내에서도 큰 인기를 끈 바 있는 리처드 칼슨의 『우리는 사소한 것에 목숨을 건다』(창작시대 刊). 실생활에서 경험하는 스트레스 유발 상황들을 누구나 공감할 수 있는 방식으로 처리할 수 있게 도와주는 가이드북으로서 유용한 책이다. 책에서 제시된 99가지 권고는 비록 중복된 내용도 있지만 현대인들이 살아가면서 부딪히고 고민하는 크고 작은 문제들을 일목요연하게 분류하고 대처 방안까지 담고 있어 흥미롭다. 현재의 고민거리가 1년 후에도 고민거리겠냐는 저자의 반문은 눈앞의 걱정에 착념하기보단 인생을 보다 크고 넓은 시각으로 바라볼 것을 권면한다.*

정말 사소한가

그런데 당장 처리하지 않아도 될 일, 끝을 보지 않아도 될 일, 일시적인 것, 중요하지 않은 것 등을 '사소한 것'이라고 정의한 저자가 제시하는 99개의 권고 중엔 세밀한 관찰과 섬세한 노력을 요하는 것들이 많다. "사소한 짜증을 거대한 스트레스로 키우지 마라", "자신과 다른 의견을 존중하라", "상대방의 순수함을 보기 위해 노력하라", "스쳐 가는 일에 마음 쓰지 마라", "마음을 비우고 삶을 단순하게 바라보라", "부정적인 감정을 경고 신호로 활용하라" 등은 대충 살아서 지켜지는 권고들이 아니다. 일상에서 무심코 지나치기 십상인 미세한 현상들과 미시적 상황들을 잘 포착하고 분석하여 이를 자기반성의 토대 위에서 자신의 내면과

---

*따라서 책의 제목은 사소한 것에 목숨을 걸지 말라는 함의를 갖는다.

삶에 적용하는 초정밀(?)의 고난도 노력이 필요한 명제들이다. 다시 말해서, 저자가 말하는 99가지 권고들은 사소해 보이지만 삶에서 중요한 가치를 발휘하는 가르침들이며, 이런 측면에서 볼 때 '사소한 것'은 역설적이게도 '소중한 것'이 된다. 사소하지만 소중한 삶의 권고 99개는 결과적으로 책의 제목을 이렇게 치환한다: '사소한 것에 목숨을 걸라.'

사소한 것이 꼭 중요하지 않은 것은 아니다. 사소하다고 여긴 것들이 오히려 인생의 성패와 삶의 질을 좌우하고, 작은 것에서 행복을 느끼는 경우가 종종 있다. 거대한 제방은 실금 때문에 붕괴되고, 항공기 추락 사고는 작은 부품 불량이 원인인 경우가 적지 않다. 작다고 소홀히 할 수 없는 이유다. 그래서 '소확행小確幸' 아닐까?

> 큰 걸 추구하는 삶은 죄짓는 것 같아
> (중략)
> 빠르게만 살아온 삶이었어
> 이젠 좀 더디게 살아 보자구
> 초원에 누워 풀이 자라나는 소릴 들어보자

미국의 팝-클래식 밴드 '핑크 마티니Pink Martini'의 음악 〈Splendor in the Grass〉의 가사 일부다. 크고 많은 것을 추구하던 가속의 삶을 뒤로하고 속도를 늦춰 풀이 자라는 소리를 듣는다는 노랫말은 소소하지만 확실한 행복을 예찬한다. 대량화와 물신주의에 예속된 삶을 반성하고 자연이 주는 작은 행복을 주목하자는 메시지는 언어와 인종, 시대를 초월하여 공감을 자아낸다.

작음의 가치

일찍이 동의보감은 많고 크고 강한 것들이 넘치면 그 자체가 '사기邪氣', 즉 나쁜 기운이라고 갈파한 바 있다. 산업혁명을 거치면서 대량 생산과 대량 소비를 지향하고 다다익선을 미덕으로 장려해 온 자본주의적 가치는 땅에서의 축적을 우상 숭배급級 죄로 간주하는 성서의 가치(마태복음 6:19~24)와 상충된다. 축적으로 야기되는 '사기'를 성서는 '좀과 동록, 도적'으로 구체화한다. 그리고는 공중의 새, 들의 백합화 메타포를 통해 재물 축적보다 중요한 것, 솔로몬의 부귀영화보다 소중한 것을 선언한다(25~30절). 작음의 위대한 가치를 성서는 한 마리 새, 한 송이 꽃에서 발견한다. 작다고 얕보거나 소홀할 게 아니다. '작은 것', 즉 사소해서 무시하기 쉬운 것의 가공할 위력을 성서에서 확인해 보자.

착하고 충성된 종아 네가 작은 일에 충성하였으매 내가 많은

것으로 네게 맡기리니 네 주인의 즐거움에 참예할지어다(마태
복음 25:21, 23)

　　각각 다섯 달란트와 두 달란트를 맡긴 두 종과 정산하면서 주
인이 그들에게 내린 칭찬이다. 최선의 노력을 다해 받은 만큼의
달란트를 남긴 종들의 공로를 치하하면서 주인은 '작은 일에 충
성했다'고 말한다. 당시 한 달란트는 현재 시세로 약 16년 4개월
치 일당이다. 각각 82년 치, 33년 치 일당에 해당하는 재산을 받
아서 그만큼의 이익을 주인에게 돌려드린 종들은 그러므로 대단
히 큰일을 한 것이다. 그런데도 주인은 이것을 '작은 일'이란다.
무슨 뜻일까? 종들의 수고를 일부러 깎아내리는 건가? 의문의 실
마리는 세 번째 종을 통해 찾을 수 있다. 한 달란트를 받은 세 번
째 종은 땅속에 보관했던 한 달란트를 그대로 주인에게 돌려줬
다가 '악하고 게으르다'는 책망을 받았다(26절). 횡령도 안 했고
재산 손실도 없는데 종은 달란트를 빼앗긴 채 쫓겨나고 만다. 이
유는 이자 놀이라도 해서 주인에게 이익을 돌렸어야 했다는 것이
지만(27절) 진짜 이유는 따로 있다.
　　종들에게 거액의 재산을 아무 조건 없이 맡겼다는 건 종에 대
한 전적인 신뢰를 의미한다. 믿지 못하면 수십 년 치 일당에 해당
하는 거금을 맡기고 여행을 떠날 수 없기에 그렇다. 그런데 앞의
두 종이 작은 일에 충성해서 칭찬받았다는 건 세 번째 종이 그 작
은 일에 충성하지 않아서 책망받았음을 함의한다. 두 종이 분명
큰일을 했음에도 주인이 이를 작은 일이라고 말한 건 산술적 의
미가 아니다.

작음의 실체

본문의 '작은 일'은 사소한 일, 사람들이 주목하지 않는 것을 말한다. 세 번째 종에게서 보듯 주인의 거금을 맡은 입장에선 괜한 모험 하다 원금 날리기보단 주인이 돌아올 때까지 잘 보관하는 게 현명하다고 누구라도 이렇게 판단할 수 있다. 앞의 두 종처럼 주인의 돈으로 장사를 하거나 투자를 해서 이익을 남기려는 시도는 자칫 위험하고 무모해 보일 수 있다. 주인이 아무런 언질도 주지 않았는데 군이 고생을 사서 할 이유가 없기 때문이다.

하지만 두 종은 대부분의 사람이 주목하지 않는 길을 택했다. 편한 길을 두고 일부러 고생길로 들어선 것이다. 이유는 자신들에 대한 주인의 신뢰에 있다. 아무 조건도 언질도 없이 거금을 맡기고 떠날 만큼 자신들을 믿어 준 신뢰의 막중함에 감동한 두 종은 그 신뢰에 보답하고 싶었던 것이다. 믿어 준 이에 대한 보답의 심정, 그것이 모험을 결행하게 한 동력이었다. 이에 반해 세 번째 종은 자신의 안위가 우선이었다. 자신에 대한 주인의 신뢰보다, 주인의 깐깐한 성향보다 현상 유지가 먼저였다. 『사서삼경』의 「서경書經」 "무일편無逸編"에서 경계한 무사안일의 원조 격이라고 해야 할까? 남들이 사소하게 여겨 무시하기 쉬운 것을 '작은 것'이라고 할 때 두 종은 작은 것에 충성한 것이고 다른 한 종은 작은 것을 소홀히 한 게 맞다.

마태복음의 '최후 심판 이야기'(25:31~46)는 사소한 것의 심판적 기능을 명정한다. 양으로 분류된 이들은 작은 자들, 즉 사회에서 무시되기 십상인 자들을 도와주었다는 이유로 영생을 하사받는다. 반면, 염소로 분류된 이들은 그 작은 자들을 도와주지 않았다는 이유로 영벌에 처해진다. 작은 자를 도와주는 건 작은 일이다. 아무런 보상도 기대할 수 없고 누구도 알아주지 않기 때문이다. 전 인류에게 적용되는 최후의 영생과 영벌 심판은 이 작은 일을 수행했느냐에 의해 결정된다. 사소한 사람, 사소한 것에 목숨 정도가 아니라 영생이 달려 있다. 이쯤 되면 리처드 칼슨은 아예 책을 다시 써야 하지 않을까?: '사소한 것에 영생이 달렸다'로.

07. 100원의 위력

'작은 일'이란 사람들이 무시하고 넘어가기 쉬운데
실상은 중요한 그것이었다.

10년 전쯤 일이다. 지인의 갑작스러운 연락을 받고 약속 장소로 차를 몰고 나갔다. 11시를 조금 넘겨 도착해서 일을 처리하고 나니 배꼽시계가 소식을 보낸다. 다음 약속까지 시간이 남아 점심을 먹고 이동하기로 했다. 아점을 애타게 기다리는 내 위장을 무얼로 채울까 잠시 생각하는데, 아차! 지갑이 없는 게 아닌가. 급하게 나오느라 미처 못 챙긴 것이다. 지금처럼 폰 결제는 아예 안 되던 시절, 대략 난감. 그래! 동전이다. 차 인터페시아에 짱박혀 있는 100원짜리 동전들이 내 굶주림을 해결해 줄 구원자가 아닌가. 언뜻 여러 개가 눈에 들어왔다. 하나, 둘, 셋, 넷, 다섯…… 세어 보니 12개. 아쉬운 대로 김밥 한 줄이라도 먹으려고 근처 김밥집을 찾았다. 동전 12개를 바지 주머니에 넣은 채 김밥집에 들어서자마자 먼저 메뉴판을 봤다. 십여 가지의 다채로운 김밥 리스트의 가격대를 훑는데 이게 웬일인가. 최고가 2천 원에서 출발한 김밥 가격표의 최저점은…… 아뿔싸, 1,300원이었다. 100원이 부족하다는 걸 확인한 난 의자에 앉지도 못하고 서둘러 나왔다.

바지 주머니 속 동전들이 찰랑거리는 소리를 들으며 내 걸음은 근처 편의점으로 향했다. 김밥조차 먹을 수 없는 불쌍한 위장을 무엇으로 달래 줄 수 있을까 살피다 빵과 우유를 집어 드는데 아이코! 역시 100원 초과. 할 수 없이 빵 대신 초코바와 우유를 사서 차로 돌아와 초코바를 한입 베어 물고 우유를 씹어 먹듯 조심조심 들이켰다. 공복 우유는 처음이었다. 우유 소화 효소가 부족한 내 위장은 그날 배고픔과 공복 우유라는 이중고에 시달려야 했다. 100원이 없어 김밥도 빵도 못 먹은 초간단 식사(?)를 끝내고 약속 장소로 출발하려고 시동을 거는데 시동 소리와 함께 다시 울리는 배꼽시계 '꼬르륵꼬르륵'. 이거론 부족하다는 위장의 원성을 들으며 차를 몰고 가는데 섬광처럼 한 장면이 떠오른다. 며칠 전, 방바닥에 떨어진 100원짜리 동전의 모습이었다. 평소 같으면 주웠겠지만 그날은 바쁜 일이 있어 보고도 그냥 지나쳤다. 내 기억이 여기에 이르는 순간 깨달음의 일섬: '100원의 반란? 100원을 무시한 벌을 이렇게 받는 것인가'라는 생각에 미치자 전율이 온몸을 관통한다. 그날 이후로 100원짜린 물론 10원짜리 동전도 허투루 지나치지 못한다.

사울의 소박한 착각

작은 것을 소홀히 했다 낭패를 본 게 어디 필자만의 일일까. 구약성서를 보면, 작은 걸 무시했다가 패가망신한 인물이 있다. 신정국가 이스라엘의 초대 왕으로 선택된 사울은 왕에 취임하자 일명 '헤렘 신탁'을 받는다(사무엘상 15:1~3). 히브리어 '헤렘'은 '진멸하여 바치다'란 뜻으로 이스라엘 민족의 숙적인 아말렉 족속에 대한 여호와의 진멸 명령이 하달된 것이다. 이에 21만 대군을 진두지휘하여 친히 정벌에 나선 사울은 아말렉 전 지역을 초토화하고 남녀노소는 물론 육축들까지 도륙한 뒤 아말렉 왕 아각을 생포하는 데 성공한다(7~8절). 대승을 거둔 사울 왕과 그의 군대가 자축연을 벌이고 있을 그때, 사울의 대부이자 이스라엘의 대선지자인 사무엘로부터 폭탄선언이 떨어진다. 여호와께서 사울 왕을 버렸다는 유기遺棄의 선언이었다(23절). 유기라니? 여호와의 명령에 따라 목숨 걸고 싸운 사울 왕이 버림받다니…… 얼토당토않게 들리는 유기 선언의 이유는 사울의 불순종에 있었다.

유기 선언을 받는 사울 왕

그리고 불순종의 실체는 의외의 것이었다. 아말렉 족속을 진멸하라는 헤렘 명령을 완벽하게 이행했다고 확신한 사울 왕을 패망의 길로 몰아넣은 건 바로 전리품이다.

사울 왕은 아말렉 족속의 육축들 가운데 일부를 죽이지 않고 가져왔다. 승전을 기념하는 제물로 바치기 위한 거라는 그의 말(15절)이 진실인지 변명인지는 명확하지 않지만 한 가지 분명한 건 전리품을 챙기면서 사울은 '이 정도쯤이야'라고 생각했을 거라는 점이다. 아말렉 족속을 진멸하고 신탁을 완수한 기념으로 살진 육축들을 제물로 바치면 여호와께서 좋아하실 테니 이 정도는 괜찮을 거라는 생각이었을 게다. 그러나 오산이었다. 여호와의 명령은 '헤렘' 즉 진멸이었기 때문이다. 진멸의 대상은 아말렉 사람들과 그들의 육축 모든 것이다(3절). 헤렘 명령엔 예외가 있을 수 없다(18~19절). 그런데도 사울 왕은 명령을 자의로 해석해서 육축의 일부를 남겼다. 제물로 드리면 문제없을 거라는 그의 작은 오산은 그러나 우상 숭배로 간주돼 여호와께서 자신이 선택한 왕을 스스로 폐위하는 결정적 이유가 됐다(11, 22, 23, 35절 참조). 큰일을 했으니 이 정돈 괜찮다? 사울의 이 소박한(?)

착각이 자신의 폐위는 물론 가문의 몰락을 초래했다(사무엘상 31:1~6). 아말렉 정벌이란 대업을 이루고도 비극적인 최후를 맞이한 건 전리품 취득을 대수롭지 않게 생각한 결과였다.

작음과 심판

성서는 일관되게 '작음', '적음'을 주목한다. 마태복음의 예를 보자. 예수님은 어린아이를 '소자', 즉 작은 자라 칭하고 그들과 자신을 동일시한다(마태복음 18:5). 또 공동체 안에서 소외당하는 작은 자의 수호천사가 천부를 항상 뵙는다는 예수의 묵시론적 언설(10절)은 작은 자 홀대에 대한 최고 수위의 경고다. 작은 자를 소외시키고 따돌린 자의 최후가 목에 바위를 매달고 바다에 빠지는 것보다, 범죄한 신체 일부를 잘라내는 것보다 더 참혹하다는 심판론(6~9절)은 '큰 것', '많은 것', '높은 것'을 추구하는 세속적 가치관을 향한 핵폭탄급 선언이 아닐 수 없다.

율법의 계명 중 가장 작은 것 하나를 소홀히 하는 사람은 천국에서 가장 작은 자로 대우받을 것이다(마태복음 5:19). 천부께서는 공중의 새와 백합 한 송이, 그리고 들풀 같은 작은 존재들을 돌보며(6:26~30) 작은 자에 대한 작은 대접을 보상하고(10:42) 그 대접 여부에 따라 심판을 단행한다(18:6, 10; 25:31~46). 큰 은혜를 받고도 작은 은혜조차 베풀지 않는 자에겐 무자비한 심판이 임할 것이며(18:23~35), 경쟁에서 뒤처진 작은 자를 돌보는 것은 천부의 뜻이다(20:14~15).

이익을 남긴 두 종과 원금만 보존한 게으른 종

달란트 비유(25:14~30)를 보면, 주인의 막대한 재산을 위탁받은 세 명의 종 가운데 두 종은 맡은 재산만큼의 이익을 남겨 원금과 함께 주인에게 돌려줬다. 주인이 받은 이익이 각각 33년과 82년 치 일당에 해당하니 두 종이 대단히 큰일을 했음에도 주인은 이를 '작은 일'이라고 말한다. 종들의 노력을 평가 절하한 것인가? 종들을 칭찬하는 맥락에서 한 말이니 그렇다고 보기 어렵다. 게다가 마태복음에서 '작음', '적음'은 앞에서 본 것처럼 물리적양이나 개수가 아닌 '중요성'을 함의하는 용어다. 따라서 작은일에 충성했다는 칭찬은 '소홀하기 쉽지만 중요한 일을 했다'는의미다. 비유에서 '작은 일'이란 사람들이 무시하고 넘어가기 쉬운데 실상은 중요한 그것이었다. 다른 한 명의 종은 주인의 재산을 잘 보관해서 원금을 돌려주었음에도 바로 이 작은 일에 소홀했다는 이유로 벌 받았다. 거액의 재산을 잘 보관만 하면 되지 굳이 모험을 할 필요가 없다는 그의 판단이 문제였다. 거금을 맡겨

준 주인의 신뢰에 보답하려는 두 종의 노력을 그는 불필요한 것, 중요하지 않은 것으로 간주했던 것이다.

10원의 기적

작은 것을 소홀히 하지 않고 도리어 귀히 여겨 선을 이루는 분이 있다. 강원도에서 연탄배달업을 하는 강○○ 사장님은 연탄 한 장 팔 때마다 10원을 적립해서 2011년부터 매년 청소년 장학금을 기탁하고 있다. 눈 내린 겨울날, 미끄러운 산동네 빙판길을 오르내리며 배달했던 연탄 한 장의 수익금 10원. 개미가 천 마리면 맷돌을 굴린다 했던가. 자디잘은 10원짜리들이 모여 이웃에게 힘이 되고 희망을 줄 수 있다니 10원은 결코 작지 않았다. 물은 99도에선 끓지 않는다. 1도가 더해져 100도가 돼야 끓는다. 구수한 된장찌개는 '그까짓 1도'가 합세해 끓어 그 특유의 풍미로 식탁을 평정한다.

유전학적으로 인간은 침팬지와 98.4%의 DNA를 공유한다고 한다. 불과 1.6%의 차이가 전 세계 77억 인류를 침팬지와 구별시키는 셈이다. 또 77억 인류의 DNA는 99.9%가 동일하다고 한다. 겨우 0.1%의 극미한 유전자 차이에 의해 77억의 얼굴과 지문이 모두 다르다니 놀라울 따름. 그런데 이렇게 99.9%의 유전자를 공유하는 인류 사회에서 인종 차별, 민족 차별, 계급 차별에서부터 성별, 장애, 나이, 용모, 학력, 신분에 따른 차별까지…… 고작 0.1% 차이 나는 인간들. 누가 누굴 판단하고 누가 누굴 차별할 수 있다는 건지.

08. 뭣이 중헌디

좁은 등산로를 가로질러 개미들의 긴 행렬이 이어진다.
무시하고 지나갔다면 대형 참사(?)가 날 뻔했다.
가쁜 걸음을 잠시 멈추고 지나가길 기다리는데……

아는 권사님이 잠시 동참했었던 예배 공동체가 있었다. 목사 두 가정과 평신도 세 가정이 주일마다 모여 전원 속에서 예배하고 식사와 친교를 나누는 초교파적 모임이었다. 자연의 품 안에서 신의 은총을 공유하고 신앙의 자유를 만끽한 지 1년여 되던 어느 날, 이 작은 공동체에 작은 사건이 발생했다. 권사님이 지인의 음악회에 공동체 가족들을 초대해서 목사님 부부 네 분과 장로님 부부, 그리고 여 집사님과 그의 딸 모두 8명이 음악회에 가기로 했다.* 며칠 뒤 문제가 생겼다. 초대권이 동나서 간신히 두 장만 확보된 것이다. 난감해진 권사님은 목사님 두 분 중 연장자 부부에게 드리기로 했고 다른 분들도 흔쾌히 동의했다. 그런데 진짜 문제는 이다음부터였다. 음악회 이틀 전 어렵사리 초대권 4장을 추가로 확보한 권사님은 여집사님에게 양해를 구한 뒤 다른 목사님 부부와 장로님 부부에게 티켓을 드렸다. 처음에 가기로 한 8명 중, 여 집사와 딸을 제외하고 모두 예정대로 음악회를 갈 수 있게 된 것이다.

　사건의 전말을 듣고 나니 마음이 무거웠다. 음악회에 가지 못한 여 집사의 딸이 걸렸다. 초등학교 6학년이란 설명엔 가슴 한편이 아려 왔다. 대중적이지 않은 클래식 음악회를 가고 싶어 할 정도면 기대가 컸을 텐데……. 게다가 다른 분들은 다 갔다는 걸 알게 되면 사춘기 소녀의 예민한 정서에 상처가 되지 않았을까 하는 염려가 들었다. '어른들 먼저 원칙'(?)에 따라 처리된 것이니 문제없다고 할 수 있겠지만 과연 그럴까? '장유유서', '찬물도

---

*음악회는 전석 초대 공연이었다.

위아래가 있다'는 말처럼 세속적 가치관에선 그다지 문제 될 게 없어 보이는 이 상황에 성서는 동의할까? 사도 바울이라면 어떻게 대처했을까? 사도의 지혜를 찾아가 보자.

권리와 배려

> 그러나 이 지식은 사람마다 가지지 못하여 어떤 이들은 지금까지 우상에 대한 습관이 있어 우상의 제물로 알고 먹는고로 그들의 양심이 약하여지고 더러워지느니라······ 그런즉 너희 자유함이 약한 자들에게 거치는 것이 되지 않도록 조심하라······ 그러므로 만일 식물이 내 형제로 실족케 하면 나는 영원히 고기를 먹지 아니하여 내 형제를 실족치 않게 하리라(고린도전서 8:7~13)

기원후 50년경 예루살렘 공의회에서 결의된 우상의 제물 취식 금지 권고(사도행전 15:22~29 참조)와 관련하여 바울은 고린도전서에서 조금 다른 견해를 표명한다: '우상의 제물 자체에 연연하는 건 우상의 존재를 인정하는 꼴이 된다. 우상은 실체가 없는 가공架空의 존재이기 때문이다. 따라서 창조주 하나님을 아버지로 고백하는 이들에게 우상의 제물은 먹으나 안 먹으나 문제 될 게 없다(8:4~6 참조).' 여기까지 초기 교회의 난제 중 하나인 우상의 제물 문제를 명쾌하게 해설하던 사도의 목소리가 7절부터 갑자기 톤 다운되더니 '약한 자'를 언급하는 대목에선 조금 전 자신의 논리를 뒤집는다.

우상과 그 제물의 무의미성을 선포하고 그것들로부터 자유로울 것을 역설하던 바울이 '약한 자', 즉 우상과 제물의 무의미성을 알지 못하는 신앙적 약자를 위해 고기 제물을 먹지 않을 것을 천명하는 것이다. 이유는 '약한 자'들이 실족할 것을 우려해서다(9절). 우상의 제물 취식을 죄로 인식하고 있는 그들이, 신앙적 자유로움으로 고기 제물을 먹는 형제들을 보고 따라 먹는다면 신앙 양심의 자유로움이 없는 상태에서의 행위가 되어 실족으로 이어질 수 있다는 것이 사도의 통찰이다(11절).

그래서 바울은 음식이 제물인지를 물어보지 말고 먹을 것, 만약 누군가가 제물인지를 알려 주었다면 먹지 말 것을 당부한다(고린도전서 10:25~28). 자유로움이 없는 약한 자의 제물 취식은 그의 양심에 상처를 입힌다. 나의 자유로움 때문에 형제의 양심이 상해를 입는 것은 그리스도에게 죄를 짓는 것이라고 언명하면서(8:12) 바울은 형제의 실족을 막기 위해서라면 영원히 고기 제물을 먹지 않겠다고 다짐한다(13절). 제물 취식 문제로부터의 자유로움을 줄곧 강조하던 사도의 갑작스러운 입장 선회는 교회 내 약한 자에 대한 배려의 배타성을 함축한다. 나의 신앙적 자유로움이 남에게 손해를 끼치는 상황을 그리스도에 대한 범죄라고 단언한 것은 약한 자에 대한 존중과 배려가 신앙의 자유보다 우선한다는 의미다. 고기 제물을 먹을 자유와 권리는 그로 인한 타인의 상처를 초월해서 행사될 수 없다. 사도에겐 자유보다 배려가, 권리보다 책임이 먼저였다.

창조주와 그리스도에 대한 확고한 신앙이 있어 우상의 제물 취식 문제에 연연할 필요가 없다 할지라도 그 확신이 신앙적 약자에게 걸림돌이 될 수 있다면 이를 행사하지 않겠다는 사도의 결연한 목소리는 우리에게 묻는다: '권리 향유와 형제 배려 중 무엇이 더 중요한가?' 어느 소설가는 산책길에서 우연히 발견한 나뭇가지의 비밀을 이렇게 적었다.

> 인간 세계에는 권력 있고 강한 것들이 위쪽을 차지하고 약한 것들을 제압하고 지배하는 반면 자연은 강한 가지들이 아래쪽을 차지하고 위의 연약한 가지들을 받쳐 주고 있었다. 가장 연약한 윗가지에서 하늘을 향해 생명의 기운이 치솟고 있었다.

강자가 약자를 지배하는 인간 세계와 달리 강자가 약자를 뒷받침하는 자연의 이치를 소설가는 약자와 생명을 귀하게 여기는 신의 언어라고 갈파했다. 강한 가지가 약한 가지를 떠받치는 나뭇가지 비밀은 인간 군상들에게 질문하는 신의 목소리가 아닐까?: '약자를 지배하는 것과 약자를 배려하는 것 중 무엇이 중요한가?'

천부 알현 천기누설

신의 질문은 마태복음 18장의 '작은 자 이야기(1~10절)'에서도 또렷이 들려온다.

> 삼가 이 소자 중에 하나도 업신여기지 말라 너희에게 말하노니
> 저희 천사들이 하늘에서 하늘에 계신 내 아버지의 얼굴을 항상
> 뵈옵느니라(10절)

하늘나라에서 누가 크냐는 제자들의 질문에 예수는 어린아이처럼 자신을 낮추는 자가 큰 자라고 대답하고 그 어린아이를 자신과 동일시한다(4~5절). 당시 이스라엘 사회에서 주목받지 못한 계층인 아이들을 전면에 내세워 천국을 설파하고 아이들을 자신과 동일시하는 것 자체가 파격인데 이번엔 파격을 넘어 충격적인 발언들이 쏟아진다. 어린아이와 같이 작은 자들에 대한 홀대가 초래할 가공할 결말에 관한 경고가 그것이다: '작은 자들을 실족하게 하는 자는 맷돌을 목에 매고 바다에 빠지는 것보다 더 무서운 화를 당하게 될 것이다(6절), 손이나 발 또는 눈이 그런 행위에 가담되었다면 그것들을 잘라내지 않고는 지옥 형벌을 피할 수 없을 것이다(8~9절).' 작은 자들을 업신여기고 그들에게 상처를 입히는 사회의 폐습을 혁파하는 예수의 언설들은 작은 자들의 수호천사가 천부를 알현한다는 천기누설(10절)에서 절정에 이른다.

약자들의 수호천사가 심판주와 매일 면대면 만남을 갖는다는 예수의 계시는 삶의 우선 가치가 재정의되어야 할 것을 촉구한

다. 복음 선포는 세상을 뒤집어엎는 것이라는 쟈크 엘룰Jacques Ellul의 지적이 아니더라도 우리는 사회의 관습을 지키려고 약자를 희생시키는 것과 약자를 배려하기 위해 관습을 거스르는 것 중에 무엇이 더 중요한가를 각자의 삶의 현장에서 물어야 하고 또 답해야 하지 않을까?

'찬물도 위아래가 있다.' 옳은 말이다. '장유유서', 오륜五倫의 소중한 가르침이다. 하지만 '아이 보는 데는 찬물도 못 먹는다'는 말도 있다. 선과 악, 옳고 그름을 잘 분별하지 못하는 순백의 영혼이 어른들의 무분별한 언행으로 어루러기질 수 있음을 경계한 이 말은 아이들을 지배와 질서의 대상이 아닌 존중과 배려의 대상으로 다시 보게 한다.

좁은 등산로를 가로질러 개미들의 긴 행렬이 이어진다. 무시하고 지나갔다면 대형 참사(?)가 날 뻔했다. 가쁜 걸음을 잠시 멈추고 지나가길 기다리는데 문득 영화 〈곡성哭聲〉의 대사가 떠오른다.

"뭣이 중헌디? 뭣이 중허냐고!"

09. 예수 그리스도 단상斷想1

자기 비움으로 십자가 죽음을 성취한 예수를
만유의 경배 대상으로 설정하여
예수 고백과 예수 경배를 통해 영광을 받는 신의 섭리

그리스도께서 어찌 나뉘었느뇨(메뤼조)(고린도전서 1:13)

유대교의 변방 고린도시市. 그 고린도시의 변방인 고린도 교회에게 보낸 편지에서 바울이 이렇게 물었다. '예수가 십자가에 못 박혔다'는 것만 알고, 믿고, 전한 바울로서는(고린도전서 2:2; 갈라디아서 6:14) 고린도 교회 내 분파(그리스도파, 바울파, 게바파, 아볼로파, 고린도전서 1:12)를 이해할 수도 용납할 수도 없다. 변방 중의 변방인 고린도 교인들을 십자가 복음의 전진기지로 선택한 신의 경륜에 정면으로 위배되는 행태이기 때문이다. 분파의 원인이 된다면 세례도, 바울 자신도 헛것이 돼야 한다는(1:13~17) 사도의 결연한 목소리는 분파 당사자들의 흩어진 시선들이 십자가로 모여야 할 것을 촉구하고 있다. 분파를 꾸짖는 준엄한 물음 이후 십자가 복음의 본질을 천명한 바울은 고린도 교회의 고질적 문제점과 질문들에 대한 해결 방안 및 답변, 그리고 부활 신앙을 언급한 뒤 편지의 결론부(인사말)에서 '함께'를 권면한다.

예수와 그리스도
편지 마지막 장의 24개 구절에서 8차례 '함께'를 언급한 2천 년 전 사도의 권면은 '역사적 예수'와 '신앙의 그리스도'로 나뉜 오늘의 기독교를 향한 권계로 다시금 들려온다. 전자는 진보 기독교의 필수 담론이고 후자는 보수 기독교에게 대체 불가의 명제다. 제도권 기독교 안에서 두 담론의 생성 과정을 더듬어 보면 전자는 후자에 대한 반성 또는 반작용으로 볼 수 있다. 나사렛 예수의 삶과 죽음을 직접 목도한 열두 사도 중심의 초기 교회 이후 로마제국의 공인을 거쳐 제도권 교회가 형성되면서 교회의 관심은 점차 나사렛 예수의 역사적 실존성에서 신앙 대상으로서의 '그리스도'로 옮겨졌다. 안타까운 건 그 옮겨짐의 결과로 나타난 '예수'와 '그리스도'의 나뉨 현상이다. 언제부턴가 기독교 안에서 '신앙의 그리스도'는 보수 담론(개인 구원, 교회 성장)을, '역사적 예수'는 진보 담론(사회 구원, 교회 성숙)을 상징하는 아이콘이 되었고 양자 사이에는 점차 비대칭 구도가 형성되기 시작했다. 바야흐로 '예수'와 '그리스도'의 나뉨이다.

문제는 그 나뉨의 양상이 '구분'이 아니라 '분리'라는 데에 있다. 위 본문에서 바울이 경책한 건 '구분classification'이 아니다. 본문 13절의 그리스어 동사 '메뤼조μερίζω'는 정확히 '분리separation'를 의미한다. 구분은 공존을 포함하지만 분리는 공존의 배제다. 탁월한 지도자들(베드로, 바울, 아볼로)의 명성과 가르침에 종속된 고린도 교회 내 분파들의 공존 거부 현상을 질책한 바울이 교회에게 제시한 대안은 '코이노니아' 담론(소위 '지체론', 고린도전서 12:12~27)이다. 구분은 하되 하나가 되는 '따로 또 같이', 즉 공동체 구성원 각자의 개성은 살리면서 상호 융화되는 원리다. 머리 되신 그리스도의 각 지체가 서로 구분되면서 하나 되는 것이 그리스도 예수 안에서 거룩하여진 참된 교회다(고린도전서 1:2). 종교개혁 5백 주년을 맞은 개신교회 앞에 놓인 산적한 과제 중 무엇보다 시급한 건 신앙 대상의 분리 현상이다. '예수'와 '그리스도'를 나눠서 믿는다면 '하나 됨'은 요원하다. 개인 구원과 사회 구원이 서로 나뉘고 교회 성장과 교회 성숙이 따로 가는 현 상황은 1,700년 제도권 기독교의 근간을 재점 검해야 한다는 당위를 역설한다.

본 칼럼 '예수 그리스도 단상'에서는 총 세 차례에 걸쳐 '역사적 예수'와 '신앙의 그리스도'의 융화를 위한 방안으로 세 개의 기독담론(케노시스 기독론, 스테노스 기독론, 아르케고스 기독론)을 신약성서 본문에 근거하여 제시하고자 한다.

케노시스 기독론

제도권 기독교의 '예수와 그리스도'를 극복하고 '예수 그리스도 기독정론基督定論'을 이루어 낼 첫 번째 기독담론은 '케노시스kenosis 기독론'이다. '케노시스'는 '비움', '겸허'란 뜻으로서 빌립보서 2장 6절부터 8절("오히려 자기를 비어 종의 형체를 가져…… 곧 십자가에 죽으심이라")에 근거한 '자기 비움' 담론이다. 5절부터 11절까지 이어지는 소위 '그리스도 찬가'는 예수 그리스도 경배가 왜 유일신 신앙에 어긋나지 않는가를 보여 주는 바울의 통찰로서 그 중심에 그리스도의 '자기 비움'이 있다. 기독교의 모체인 유대교, 유대교의 뿌리인 모세의 십계명. 따라서

십계명은 기독교의 근간이다. 그 열 개 계명 가운데 세 계명-제1, 제2, 제3계명(출애굽기 20:3~7)-이 여호와 유일신 신앙을 표방한다. 그런데 바울은 하늘과 땅, 심지어 땅 아래의 존재들까지 모두 예수 그리스도에게 무릎을 꿇고 그를 '주님'으로 고백함으로써 하나님께 영광이 된다고 말한다(빌립보서 2:10~11).

그리스도의 높아짐이 유일신 신앙 파괴가 아니라 도리어 유일신이 기뻐할 일이라니 좀 이상하다. 여호와 외의 그 어떤 존재도 믿지 말고 절하지도 말 것을 엄명한 십계명이 폐기되었나? 사람의 모양으로 나타난 존재(8절), 즉 유일신의 타자他者인 예수를 믿고 섬기고 그 앞에 절하는 것이 신성모독이 아니다? 안타깝게도 성부 성자 성령, 삼위의 관계 형성에 천착한 기존의 삼위일체 교리는 이 질문의 답이 되지 못하는 것 같다.

'예수 경배'가 왜 유일신 신앙 파괴나 신성모독이 아닌가에 관한 바울 기독론의 테제these가 바로 케노시스다. 빌립보서 2장 9절의 서두 "이러므로 하나님이 그를 지극히 높여"는 예수 경배가 신 주도의 프로젝트임을 밝힌다. 예수 고양exaltation(9절), 피조물들의 경배와 주主 고백(10~11절)은 예수 그리스도의 케노시스를 인정한 신의 주도적 경륜임을 바울은 명시한다. 다시 말해서, '하나님은 예수 그리스도의 자기 비움으로 인해 만유의 예수 경배를 가능하도록 직접 주도하셨다'란 뜻이다. 십계명이 수정 또는 파기된 것이 아니라 '유일신 섬김'의 보편적 메커니즘이 확정된 것이다. 자기 비움으로 십자가 죽음을 성취한 예수를 만유의 경배 대상으로 설정하여 예수 고백과 예수 경배를 통해 영광을 받는 신의 섭리가 확증된 것이다. '그리스도의 자기 비움 ⇒

십자가에 죽은 예수를 만유의 주 되게 하신 천부天父 ⇒ 예수 경배를 통해 영광 받으시는 천부', 이것이 케노시스 기독론을 통해 확정된 유일신 섬김의 메커니즘이다.

천부 섬김의 우주적 메커니즘

그렇다면 자기 비움으로 만유의 주가 된 예수를 경배하는 우주적 섬김 메커니즘을 밝히는 바울의 의도는 무엇일까?

> 너희 안에 이 마음을 품으라 곧 그리스도 예수의 마음이니(빌립보서 2:5)

사랑, 겸손, 교제, 복종 등의 윤리적 주제들이 '그리스도 찬가'의 전후 문맥에 포진된 점(2:1~3, 12)은 바울의 케노시스 기독론이 빌립보 신자들의 윤리적 실천 과제로 설파됐음을 시사한다. 그리스도 찬가는 5절의 명령법과 6~11절의 직설법으로 구성됐다. 그리스도 예수의 마음을 품으라는 5절의 권면 뒤의 6~8절은 권면의 구체적 실천 방안(자기 부인 ⇒ 종 됨 ⇒ 십자가 죽음)을 제시한다. 이어진 예수 경배 단락(9~11절)에선 권면 실천의 결과로서 천부 섬김의 우주적 비전이 펼쳐진다. 그리스도의 '자기 비움'은 예수 경배를 통한 천부 섬김이라는 우주적 메커니즘이 확정 선포되게 한 테제로서 이는 인간을 비롯한 모든 피조물을 향해 열려 있는 보편적 강령이다. 그리스도의 자기 비움에 참여하는 자는 누구나 천부 섬김의 장엄한 역사役事에 동참하게 된다는 약속이 5절의 권면에 담겨 있음은 물론이다.

「유폐된 바울」 _ 렘브란트(Rembrandt van Rijn, 1627년)

　바울의 사역 말년, 로마에서의 유폐 기간 중 작성된 빌립보서에는 멀지 않은 생의 끝을 예감한 듯한 언술들이 곳곳에 나타난다(1:20~21; 2:17; 3:11~14; 4:15). 이런 맥락에서 주어진 '자기 비움' 담론은 바울이 예수 그리스도의 심장으로 사모하는(1:8) 빌립보 교회를 위한 최고의, 그리고 최후의 신앙 유산과도 같다. 민족종교의 한계를 뛰어넘어 모든 민족, 모든 피조물을 위해 활짝 열린 예수 경배와 천부 섬김 비전에는 복음의 지평을 '개인 구원 대 사회 구원', '교회 성장 대 교회 성숙' 이라는 이분법의 틀 속에 가둬 두는 그 어떤 작위도 자리할 공간은 없어 보인다.

10. 예수 그리스도 단상斷想2

좁은 문을 추구하는 구도자들이
정작 좁은 문을 발견하지 못하는 이유는
'자기 비움'의 결핍

본 칼럼 "예수 그리스도 단상"은 '보수 대 진보' 이념의 늪에서 헤어나지 못하는 대한민국 사회의 화해와 통합을 이끌어야 하는 교회마저 '역사적 예수'와 '신앙의 그리스도'라는 이분법 프레임에 갇힌 현 상황이 안타까워 시작됐다. 기독교의 도그마를 다룰 생각은 없다. 제도권 교회 1,700년 역사와 전통의 결과가 '예수와 그리스도'이기에 '예수 그리스도' 회복 방안을 성서 본문을 토대로 제시하고자 한다.

스테노스 기독론

'케노시스 기독론'(앞의 글 참조)에 이어 예수와 그리스도의 융화를 위한 두 번째 담론은 '스테노스stenos 기독론'이다. 그리스어 '스테노스στενός'는 '좁다'란 뜻으로서 마태복음 7장의 소위 '좁은 문' 이야기에 등장한다.

> 좁은 문으로 들어가라 멸망으로 인도하는 문은 크고 그 길이 넓어 그리로 들어가는 자가 많고 생명으로 인도하는 문은 좁고 길이 협착하여 찾는 이가 적음이니라(마태복음 7:13~14)

신약성서 전체에서 단 2회 위 본문에서만 사용된 이 단어에서 '예수'와 '그리스도' 사이의 비대칭 해소책을 찾을 수 있을까? 본문은 '좁은 문과 넓은 문' 메타포를 통해 각각 생명으로 연결되는 삶, 멸망으로 연결되는 삶을 설명한 뒤 좁은 문으로 들어갈 것을 권면한다. 여기서 주목해야 할 단어가 있다. "생명으로 인도하는 문은 좁고 길이 협착하여 찾는 이가 적음이니라"(14절)

에서 "찾는"은 그리스어 동사 '휴리스코εὑρίσκω'인데 '발견하다 find' (마태복음 2:8; 7:7; 12:43), '얻다obtain'란 뜻이다(마태복음 10:39; 11:29). 흔히 14절을 '생명으로 인도하는 문은 좁고 길이 협착하기 때문에 사람들이 선호하지 않는다' (A)란 뜻으로 이해할 수 있다. 마치 '○○식당은 음식이 맛없어서 찾는 손님이 없다'는 말처럼 '좁은 문'은 찾는 사람이 없는, 즉 인기 없는 문이고 '넓은 문'은 찾는 사람이 많은, 즉 인기 많은 문이란 의미로 읽힐 수 있다.

하지만 14절의 동사 '휴리스코'는 이러한 독법을 지지하지 않는다. '휴리스코'의 의미를 반영하면 14절은 '생명으로 인도하는 문은 좁고 길이 협착하여 발견하는(또는 '얻는') 이가 적

다' (B)가 된다. A와 B는 같은 의미로 보기 어렵다.* 전술한 바와 같이 A해석은 좁은 문과 넓은 문을 인기가 적고 많고(또는 없고 있고)로 이해한다. 그런데 B해석에선 좁은 문과 넓은 문 모두 (사람들이) '들어갈' 대상이지만 좁은 문은 '들어갈' 대상이면서 '발견할' (얻을) 대상이다. 좁은 문에 들어가기 위해 먼저 발견의 과정이 필요하다는 함의다.

마태복음에서의 동사 '휴리스코' 용례에 따르면**, '휴리스코' 는 '○○를 구하다가seek 마침내 ○○를 발견하다find' 란 문맥에 등장해서 ○○를 발견하기까지 ○○를 구하는 행위가 지속적으로 진행됨을 함의한다. 결국 동사 '휴리스코' 의 의미와 용례까지 반영된 14절에서는 '좁은 문 구함seek ⇒ 좁은 문 발견find ⇒ 좁은 문 들어감enter' 이라는 일명 '스테노스 도식' 이 도출된다. 요약하면 A해석은 '사람들이 좁은 문을 이미 알고 있고 원하면 들어갈 수 있지만 들어가지 않는다' 이고, B해석은 '좁은 문을 추구하지만 발견하는 이가 많지 않아서 들어가는 이도 적다' 는 뜻이 된다. 그렇다면 좁은 문을 추구하는데 발견하지 못한다는 B해석은 무슨 의미일까? 성서의 사례를 통해 알아보자.

좁은 문 찾기

가장 먼저 떠오르는 것은 마태복음 2장 예수 탄생 기사에서 마고

---

*14절이 '생명으로 인도하는 문은 좁고 길이 협착하여 그리로 들어가는 자가 적음이니라' 라면 13절의 대칭구로서 A해석이 가능하다고 볼 수 있다.

**필자의 『성서 휴머니즘』(한국학술정보), 55~59쪽 참조.

스들*의 헛다리 짚기다. 별을 보고 메시아를 찾아seek 왔지만 그들은 메시아를 발견하지find 못했다. 발견하지 못했을 뿐 아니라 그들의 헛다리 짚기는 영아 학살 참극의 발단이 됐다. 성서의 계시가 아닌 자기 지식과 확신에 근거한 찾음의 결과다. 메시아를 찾았지만seek 찾지find 못한 마고스들은 뒤늦게 자신들의 헛다리를 깨닫고 별의 안내에 따라 아기 예수를 만나서 예물을 바친다. 하지만 그들의 예물 드림과 경배를 '스테노스 도식' 제2단계(좁은 문 발견) 진입으로 볼 수 있을까? 섣부른 판단으로 베들레헴 일대에 피의 학살을 촉발시킨 지식 엘리트들의 예물과 경배가 대속제물로 세상에 오신 메시아의 이름에 걸맞은 것일까?

「아기 예수에게 경배하는 동방의 마고스들」 _ 레오나르도 다빈치(Leonardo da Vinci, 1482년)

---

*소위 '동방 박사'라는 표현이 잘못된 번역이라는 점에 대해선 본서 231쪽 "구유에 누인 아기" 참조.

지체 높은 사두개파 가문의 청년은 내세와 부활을 인정하지 않는 종파의 오랜 전통을 깨고 영생에 골몰해 왔다. 재물과 도덕성, 율법과 선행까지 두루 갖춘 훈남이지만 내면의 공허함을 견디지 못해 급기야 예수께 찾아와 묻는다: "제가 어떤 선행을 해야 영생을 얻으리이까?"(마태복음 19:16). 선행으로 영생을 획득한다는 전제가 깔린 청년의 질문은 "왜 내게 선한 일을 묻느냐?"는 예수의 반문(17절)에 의해 그 허구성이 드러나고, 6개 계명을 다 지켰다는 그의 도도한 자신감은 예수의 전 재산 처분 요구 앞에 여지없이 무너지고 만다(20~22절). 청년은 근심 어린 얼굴로 돌아갔다. 그토록 영생을 갈구seek했지만 자신 앞에 제시된 영생의 문을 발견find하지 못한 것이다. 자기 온 존재의 생명줄과도 같은 재물을 포기할 수 없기에 그의 영생 찾기seek 역시 '스테노스 도식' 제1단계에서 멈추고 말았다.

별을 따라 머나먼 여정에 나선 마고스들의 메시아 찾기seek, 가문의 전통을 일탈한 사두개파 청년의 영생 찾기seek는 '스테노스 도식' 제1단계에 해당하지만 2단계 진입에 실패했다. 원인은 구도자의 빗나간 자기 확신과 전제였다. 좁은 문을 추구하는 구도자의 헛다리 짚기는 예수의 제자들에게도 예외가 아니다. '나를 따르라'는 말 한마디에 가족과 생업까지 포기하고 예수와 동고동락한 갈릴리 어부 삼총사 베드로, 야고보, 요한은 어떤가? 수제자 베드로는 거친 언행으로 예수의 수난에 개입하다 '사탄 빙의자'라는 책망을 들었고(마태복음 16:21~23), 야고보와 요한 형제는 모친을 통해 예수께 청탁을 넣은 일로 공동체 내분을 촉발시키기도 했다(마태복음 20:20~24). 애제자들의 이러한 헛다리 짚기는 그들이 '예수 따름'이라는 '스테노스 도식'의 1단계에서 2단계로 진입하지 못했음을 보여 준다. 신의 일보다 사람의 일에 마음을 둔(마태복음 16:23) 세속적 욕망이 그 원인이었다.

자기 비움의 절정, 십자가

마태복음의 위 사건들은 케노시스 기독론의 관점에서 볼 때 '자기 비움'(빌립보서 2:5~8)에 실패한 사례들이다. 좁은 문을 추구한 구도자들이 정작 좁은 문을 발견하지 못하는 결정적 원인은 예수 그리스도의 '자기 비움'의 결핍이다. 베드로의 헛다리 짚기 후에 주어진 '제자도'의 시작점이 '자기 부인self-denial'이라는 점(마태복음 16:24), 야고보 형제의 헛다리 짚기 후에 내려진 '섬김의 도'의 요체가 '종 됨'이라는 점(20:26~28)은 '스테노스 도식'의 완성이 '자기 비움'에 있음을 명징한다.

마태복음이 묘사하는 예수 그리스도의 생애는 자기 확신이나 자기 전제가 아닌 천부의 뜻과 구약성서에 근거한 '자기 비움'의 삶이다. 그가 여세자與洗者의 지위를 버리고 수세자受洗者의 자리로 내려간 것은 그것이 천부의 뜻이었기 때문이다(3:13~17). 신자神子로서의 권세 과시와 부귀영화를 내세우는 마귀의 유혹을 예수는 자기 논리가 아닌 예언된 말씀으로 물리쳤다(4:4, 7, 10). 반대자들과의 논쟁에서도 예수는 자기 확신이 아닌 구약성서의 말씀을 주장했다(11:10; 12:3~8; 39~41; 15:7~9; 19:5; 21:13, 16, 42; 22:37~40, 44). 구유 탄생부터 십자가 죽음까지 전 생애에 걸친 예수의 '자기 비움'은 세 차례의 처절한 몸부림 끝에 천부의 뜻에 따라 죽음의 잔을 들이킨 겟세마네 기도에서 절정에 이른다

(26:36~46).

예수 그리스도의 '자기 비움'은 예수 경배를 통한 천부 섬김의 우주적 비전을 구현할 뿐 아니라 구도자의 '스테노스 도식'을 완성하는 성서 기독론의 테제다. '자기 비움'을 중심으로 한 케노시스 기독론과 스테노스 기독론, 두 담론의 케미는 주류 기독교 내 '보수 대 진보' 이항 대립을 뛰어넘는 '예수 그리스도 기독정론基督定論'의 지평을 활짝 열어놓는다.

11. 예수 그리스도 단상斷想3

예수 그리스도는 궁극의 무일,
곧 '비움'과 '버림'의 알파와 오메가이며
그 무일에 참여하는 이들의 영원한 동반자

중국의 고전『사서삼경』중 하나인「서경書經」에 이런 구절이 있다.

> 군자는 무일無逸(편안하지 않음)에 처해야 한다. 먼저 노동의 어려움을 알고 그다음에 편안함을 취해야 비로소 백성들이 무엇을 의지하여 살아가는가를 알게 된다. _「무일無逸」

지식층과 권력층의 안일함을 경계하는 反무사안일 사상이 담긴 말이다. 백성들의 삶의 현장과 유리된 권력과 지식의 위험성에 대한 경고이기도 한 '무일 사상無逸思想'은 20세기 중국 문화 대혁명기에 관료주의의 폐단을 막기 위해 대대적으로 시행됐던 소위 '하방 운동下放運動'의 사상적 토대가 되기도 했다. 여기서 중국의 고전을 인용하는 건「서경」의 무일 사상이 빌립보서 2장의 '스테노스 도식' 제2단계와 관련이 있기 때문이다. 앞의 글 "예수 그리스도 단상 2"에서 언급된 것처럼, 구도자들이 '스테노스 도식' 제1단계(좁은 문 추구)를 시작했지만 2단계(좁은 문 발견) 진입에 실패한 건 '자기 비움'을 소홀히 한 때문인데 이는 결국 무사안일과 연결된다.

자기 지식과 확신으로 나선 마고스들의 메시아 찾기가 영아 학살의 단초가 된 건 '자기 비움'을 간과한 지식 엘리트의 무사안일 때문이며, 세속의 욕망을 털어 내지 못한 베드로의 메시아 따름이 도리어 메시아 사역의 스캔들로 전락한 것 역시 '자기 비움'을 무시한 제자 엘리트의 무사안일이 원인이다. 자기 전제에 근거한 부자 청년의 영생 찾기가 영생 문턱에서의 낙마라는 아이러니로 귀결된 것도 자기 의義를 비워 내지 못한 재부財富 엘리트의 무사안일로 해석될 수 있다.

아르케고스 기독론

'예수 그리스도 기독정론基督定論'의 케노시스 기독론과 스테노스 기독론의 테제인 '자기 비움'은 동사적動詞的 강령이다. 케노시스 기독론에서 신자들의 천부 섬김의 삶 성취를 위한 '자기 비움'은 일회적 달성 목표가 아니라 삶 속에서 간단없이 수행되는 치열한 자기 투쟁의 과정이다. 이와 같은 예수 그리스도 기독정론의 완결을 위한 '자기 비움'의 지속성을 뒷받침하는 세 번째 담론이 '아르케고스archegos 기독론'이다.

> 믿음의 주요 또 온전케 하시는 이인 예수를 바라보자 저는 그 앞에 있는 즐거움을 위하여 십자가를 참으사 부끄러움을 개의 치 아니하시더니 하나님 보좌 우편에 앉으셨느니라(히브리서 12:2)

히브리서는 사복음서와 바울서신 외의 신약성서 기독론을 표방하는 대표 문헌으로서 구약의 율법과 예언을 성취한 예수 그리스도의 인성과 신성을 다양한 각도에서 묘사한다. 그 가운데 위 본문은 히브리서의 기독론에 있어 주목받지 못한 본문이지만 '예수 그리스도 기독정론'과 관련하여 중요한 함의를 담고 있다. 본문 상반절은 예수를 '믿음의 주이며 온전케 하시는 이'라고 소개한다. 그런데 "믿음의 주"에서 '주'는 '퀴리오스κύριος'가 아닌 '아르케고스ἀρχηγός' 다. '주인master, lord', '소유주owner' 를 의미하는 '퀴리오스' 와 달리 '아르케고스' 는 '개척자pioneer', '원조founder', '창시자originator', '지도자leader' 란 뜻이다. 신약성서에서 하나님, 예수, 권세자의 존칭으로 주로 사용되는 건 퀴리오스이고 아르케고스는 오직 예수에게만 4차례(사도행전 3:15; 5:31; 히 2:10; 12:2) 사용됐을 뿐이다.* 그러면 예수를 퀴리오스와 아르케고스로 지칭하는 건 어떤 차이가 있을까?

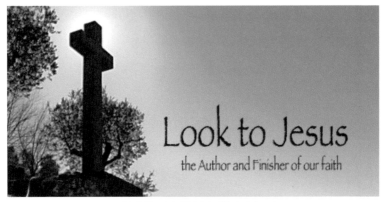

믿음의 원조이며 완성자인 예수를 바라보라

믿음의 개척자요 완성자

본문은 예수를 믿음의 '아르케고스' 이며 동시에 '텔레이오테스 τελειωτής', 곧 '완성자' 로 규정하고 있는데 여기서 완성자라는 표현은 아르케고스와 퀴리오스의 의미 차이를 보여 준다. 퀴리오

---

*사도행전에서의 2차례 용례 모두 베드로의 설교에 등장하는 것으로 볼 때 예수를 아르케고스로 인식하는 건 복음서나 바울서신을 중심으로 한 주류 기독론과 구별 되는 비주류 신학이라고 할 수 있다.

스가 명사적 정적 개념인 반면, 아르케고스는 동사적 동적 개념으로서 본문에서 예수는 믿음의 개척자이면서 완성자다.* 요한계시록의 '나는 알파와 오메가, 처음과 나중, 시작과 끝'이란 표현 (1:8, 17; 22:13)과 유사한 의미의 위 히브리서 본문은 예수가 믿음의 시작점이면서 동시에 완결이라는 히브리서 기자의 독특한 기독론을 표명한다. '예수 그리스도 기독정론'과 관련해서 '아르케고스 기독론'을 주목하는 이유는 앞서 살펴본 두 담론 '케노시스 기독론'과 '스테노스 기독론'의 공통 테제인 '자기 비움'이 일회성 구호가 아닌 지속적인 강령임을 증명해 주기 때문이다. 예수의 자기 비움은 천상의 지위 포기로 시작되어 구유 탄생, 목수 직업, 물 세례받음, 자기 세력화 거부, 신자神子의 권세 포기, 십자가 고난에 이르기까지 그의 전 생애에 걸쳐 이어진다.

믿음의 개척자이며 완성자인 예수 그리스도. 여기서 '믿음'은 예수의 믿음을 말하는데 예수가 무엇을 신뢰했으며 그 신뢰를 어떻게 시작하고 어떻게 마쳤다는 것일까? 본문의 이전 문맥을 보면, 예수는 많은 믿음의 사람들(아벨, 에녹, 노아, 아브라함, 사라, 이삭, 야곱, 요셉, 모세, 라합 등등)이 사수했던 그 믿음의 개척자이며 완성자다(11:1~12:1). 그리고 본문 하반절은 예수가 자기 앞에 놓인 즐거움으로 인해 십자가 고난을 받았고 그로 인해 천상의 보좌 우편에 좌정함으로 믿음을 완성했다는 설명을 덧붙인다. 히브리서 기자는 이 예수를 바라보라고 한다. 그건 예수의 믿음 개척과 완성의 과정을 따르라, 그 과정에 참여하라는 말일

---

*히브리서 2:10에서도 예수와 관련해서 개척자와 완성자란 개념이 나타난다.

것이다.

그리고 1절의 '우리 앞에 놓인 경주를 경주하라' 는 권면은 그 개척과 완성의 과정이 중단되지 말아야 할 것을 강조하고 있다. 따라서 히브리서의 '예수 바라봄' 은 복음서의 '예수 따름' 이며 바울신학의 '예수(를) 믿음' 이다. '아르케고스 기독론' 은 하나님의 약속을 믿음으로 자기 부인의 삶을 살고 마침내 십자가 죽음으로 그 삶을 완결한 예수가 그리스도임을 확증한다. 그리고 예수 그리스도의 믿음의 삶에 동참한 신민信民들에게 하나님의 약속이 성취될 것임을 명징한다(히브리서 1:2; 4:1; 6:12, 15, 17; 8:6; 9:15; 10:36; 11:9, 13, 39).

기독정론의 테제, '자기 비움'

'자기 비움' 은 '예수 그리스도 기독정론' 의 테제임이 명확해졌다. 예수 그리스도는 '자기 비움' 으로 만유의 주가 되었고 그로 인해 예수를 경배함이 곧 천부를 섬김이라는 우주적 예배 메커니즘이 확정됐다(케노시스 기독론). 예수 그리스도의 '자기 비움' 은 인간이 자기 의義(자기 확신과 지식, 자기 전제와 재물 등)로 인해 실패한 좁은 문 찾기find와 들어가기enter에 성공하게 하는 동력이다(스테노스 기독론). 또한 믿음의 개척자이며 완성자인 예수의 '자기 비움' 에 동참하는 이들은 예수와 함께 하나님의 약속의 상속자들이다(아르케고스 기독론, 히브리서 1:2 참조). 결론적으로, 예수 그리스도의 '자기 비움' 은 예수와 그를 믿는 이들이 한 운명 공동체임을 확증하는 준거다. 보수 기독교도, 진보 기독교도 그 준거에서 예외일 수 없다. 그들의 실존이 예수 그리스도의 '자기 비움'에 동참하여 그들의 일상 속에서 천부 섬김의 천상적 비전이 실현되고 '스테노스 도식'이 생의 좌표로 자리매김한다면 개인 구원과 사회 구원, 교회 성장과 교회 성숙의 분리는 무의미하다. '예수 그리스도 기독정론'에 신앙의 정위正位가 설정된 이들에게 보수와 진보의 대립은 '자기 비움'에 실패한 종교 엘리트들의 공허한 아우성이며 무사안일의 증표일 뿐이다.

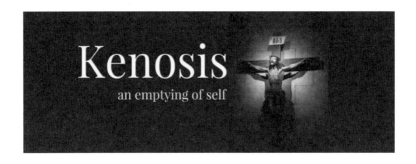

「서경」의 시각으로 보면 예수 그리스도는 일생동안 무일에 처한 군자임이 분명하다. 하지만 그의 무일은 중국의 관료 엘리트들이 일정 기간 농사 현장을 체험하는 것 같은 일시적 '내려놓음'이 아니다. '내려놓음'은 '돌려놓음'을 전제하고 있기 때문이다. 예수 그리스도는 궁극의 무일, 곧 '비움'과 '버림'의 알파와 오메가이며 그 무일에 참여하는 이들의 영원한 동반자다.

12. 별리別離, 출향出鄕, 그리고 버림1

안식일 후 새벽, 아리마대 요셉의 빈 무덤은
하늘 본향을 향해 떠나는 메시아의
영원한 이향을 배웅했다.

『목적이 이끄는 삶』(릭 워렌 지음)에 대한 질문*에 이어 이번에는 그에 못지않게 관심을 끈 또 다른 책을 다뤄보려 한다. 이용규 선교사의 『내려놓음』과 그 후속작인 『더 내려놓음』(도서출판 규장 刊)은 각각 2006년과 2007년 발간 이후 도합 70만 부 이상(추정치) 팔린 초베스트셀러로서 한국 저자의 책으로는 국내 기독교 출판계에서 보기 드문 판매고를 올렸다. 세칭 초일류 학벌 출신으로서의 안전하고 보장된 길을 떠나 험하고 고된 선교사의 길을 택한 저자의 특이한(?) 이력이 독자들의 궁금증을 자아냈다. 또 저자의 삶과 신앙 여정에서 치열하게 고민하고 풍성하게 경험했던 이야기들로 구성된 내러티브의 현장감이 세속적 풍요와 신앙적 결단 사이의 자리매김 문제로 고민하는 그리스도인들의 영적 구미(?)를 자극했다.

믿고 천당 가면 된다는 일명 '구원파' 신앙의 저차원적 단계에서 믿음 이후의 삶을 추구하는 고차원의 단계, 즉 세속적 가치와 물질적 풍요 속에서의 올바른 처세를 고민하는 다수의 '성실한 신자들'이 주요 독자층을 형성했음은 물론이다. 세상 부귀영화를 추구하지 않고 신의 뜻을 따르는 결단이 나를 비참하게 하기보다 도리어 더 크고 좋은 것, 곧 자유와 평강을 누리게 한다는 엘리트 선교사의 간증과 권면은, 어지간한 스타 목사의 설교보다 설득력 있게 들린 게 사실이다. 게다가 '내려놓음'이라는 용어가 갖는 '부담 없음' 이미지도 독자들에게 크게 어필했다고 볼 수 있다.

---

*프롤로그 참조.

'내려놓음'과 '버림'

'내려놓음'엔 굳이 '버림'이 포함되지 않는다. '자기 비움'이란 거대 담론의 작은 지류로서 소유권이 담보된 '내려놓음' 주제는 따라서 (물질적 또는 정신적으로) 가진 것이 많은 부유인富裕人들의 심리적 안전장치로 택용되곤 했다. 저자는 말했다. 비움은 채우기 위한 전제 조건이며, 내려놓는 진짜 이유는 신령한 것으로 채우기 위해서라고(7쪽). "우리가 내려놓을 때 그것이 진정한 우리 것이 되기 때문이다", "하나님은 내려놓으라고 하신다. 왜냐하면 더 좋은 것을 주시기 위해서이다"(16~17쪽). 소유권을 보장받으면서 종교적 심리적 위안까지 누릴 수 있는 '내려놓음' 내러티브는 '네 소유를 가난한 자들에게 주고 나를 따르라'는 권고(마태복음 19:21~24)를 듣고 풀이 죽어 돌아간 그 부자 청년의 근심 어린 얼굴에 화색이 돌게 할 것 같다.

'이야! 예수님 말씀이 실제론 버리란 뜻이 아니었구나!'라고 쾌재를 부르며 '내려놓음'이 함의하는 중용의 도(?)에 안착하게 되지 않을까 싶다. 하지만 후속작을 내놓으면서 저자가 술회했듯이, '내려놓음' 용어는 그 개념상의 모호성으로 인해 오해의 여지가 있다. 저자는 초일류 학벌 소유자로서 선교의 길로 나선 자신의 선택이 '내려놓음'의 표상처럼 여겨지는 것을 '내려놓음'에 대한 오해라고 후속작 서문에서 밝힌다. 심리적 정신적 위안의 기제로 '내려놓음'이 적용되는 것을 그 원의原義의 희석이라고도 했다.*

---

*서문에서 저자의 표현이 이와 똑같지는 않았지만 그의 술회는 이런 의미로 들렸다.

그러면서 저자는 '내려놓음'이란 용어를 통해 자신이 진짜 말하려 했던 것은 자아의 죽음, 곧 십자가에서의 죽음 경험을 통한 그리스도의 내주(갈라디아서 2:20)임을 그의 후속작에서 갈무리한다. 즉, 내가 죽고 내 안에 그리스도께서 사시는 '십자가의 도'를 그리스도인들의 삶의 자리에서 적용하고 실행하는 구체적인 방안을 궁금해하는 독자들의 요청에 따라 추가 설명이 필요했다는 게 『더 내려놓음』 출간의 변이다. '내려놓음'에 대한 오해 불식을 위해 '더 내려놓음'이 필요했다는 저자의 논리는 그러나 의문을 증폭시킨다. '더 내려놓음이 필요하다면 내려놓음은 필요 없어진 것인가?', '십자가의 도, 자아의 죽음에 더 내려놓음의 비교급 수사가 어울리기나 한 건가?', '내려놓음이 과연 십자가의 도를 제대로 담아낼 수 있을까?'

자본주의의 풍요 속에 사는 현대인들에 대한 배려 차원에서 '내려놓음'이란 용어를 채용했다는 저자의 말에서 비로소 우린 알 수 있다. 그 용어의 성서적 근거가 어떠하다는 것을. 지금부터는 '내려놓음'의 타당성을 성서를 통해 집중 조명하고 이를 토대로 복음의 본질과 가치를 담아내는 '말그릇'을 찾아보자.

신정사信程史: 별리와 출향, 버림의 역사

결론부터 말하면 '내려놓음'은 성서적 개념으로 보기 어렵다. 믿음의 시조始祖 아브라함의 장대한 '신앙 여정'(이하 '신정信程')은 '떠남'이 그 출발점이다. 고향, 친척, 아비의 집을 떠나라는 신의 지시(창세기 12:1)는 아브라함을 통해 펼쳐질 믿음의 대장정을 규정한다. 아브라함의 '떠남'은 약속의 땅을 향한 불가역의 별리別離이며 귀환의 여지를 남겨두지 않은 단번의 출향出鄉이다. 이를 가리켜 어느 주석가는 '아브라함의 삼중 포기(고향, 친척, 아비 집), 신의 삼중 언약(땅, 후손, 복의 근원)'이라고 했다. 그랬다. 아브라함에게 임한 신의 뜻은 포기, 즉 '버림'이다. 그것은 복귀가 가능한 일시적 이향離鄉이 아니라 더 나은 본향本鄉으로 가기 위한 영구적 출향이다(히브리서 11:14~16). '본향을 향한 출향', '신향新鄉을 위한 구향舊鄉과의 결별'. 이 거룩한 믿음의 대장정에 나선 이들을 성서는 '나그네', '이방인'이라 부른다. 신의 선택을 받은 영적 베두인에게 주어진 영광스러운 타이틀이다.

내가 네게 지시할 땅으로 가래(창세기 12:1) _ 카롤스펠트(Julius Schnorr von Carolsfeld, 1860년)

60여 년 파란만장한 믿음의 여정을 함께 했던 조강지처의 시신 묻을 곳을 얻기 위해 헷 족장 앞에 선 아브라함은 자신을 '나그네'로 소개했다(창세기 23:4). 그의 손자 야곱은 기근을 피해 자신의 조부모가 묻힌 땅을 떠나 애굽으로 이주하여 바로Pharaoh 앞에 섰을 때 자신의 나이를 묻는 왕에게 자기와 조상의 삶을 '나그넷길'이라고 표현했다(창세기 47:9). 그로부터 740여 년 후, 선조들의 오랜 유랑기를 끝내고 강력한 신정神政 왕국의 기틀을 마련한 건국의 왕 다윗은 필생의 염원인 성전 건축을 신께 허락받지 못하고 아들 솔로몬에게 대업을 인계하는 자리에서 이렇게 기도했다.

주 앞에서는 우리가 우리 열조와 다름이 없이 나그네와 우거한 자라(역대상 29:15)

천년 가까운 이주 역사를 종식시키고 강국의 터전을 다진 군주이지만 신 앞에서 그가 고백한 자신과 민족의 정체성은 시조 아브라함에 잇닿아 있었다. 땅을 차지했어도 그들은 여전히 나그네였다. 국가를 세우고 왕이 되고 영토를 확장했어도 선조들의 나그네 유전자는 다윗과 그 백성들의 골수에서 작동하고 있었다. 소유권이 담보되고 언제라도 돌려놓음이 가능한 '내려놓음'은 그러므로 아브라함으로 시작된 거룩한 신정사信程史에 편입될 수 없다. '내려놓음'은 소유권의 포기가 아니라 소유욕의 포기 정도이기 때문이다.

「애굽으로 피신한 요셉 가족」 _ 렘브란트(Rembrandt van Rijn, 1647년)

메시아 신정의 대서사시

별리와 출향으로 특징지어지는 구약 히브리 민족의 신정은 신
약성서에서 계승되고 완성된다. 구약의 신정사를 계승하는 메시
아 신정의 대서사시는 예수 탄생 기사로 시작된다. 메시아 예수
는 아브라함과 다윗의 가문 출신이지만 처녀의 몸에서 태어났
다. 예수의 처녀 탄생은 선민 특권(아브라함의 자손) 및 왕가 특
권(다윗의 가문)과의 별리가 메시아 신정의 기점임을 공포한다.
헤롯의 살해 위협을 알려 준 현몽의 계시를 따라 갓 태어난 핏덩
이를 품에 안고 애굽으로 피신한 요셉 부부의 야반도주(마태복음
2:13~15)는 아기 예수의 메시아 신정을 확인시키는 첫 번째 출향
사건이다. 헤롯 사망 후 고국으로 돌아온 요셉 가정이 정착한 곳
은 중시조 다윗의 고향이자 메시아 자신의 고향인 베들레헴이 아
닌 갈릴리 나사렛이었기 때문이다(19~23절).

이렇게 메시아 신정사를 관류하는 별리와 출향은 마치 씨줄과

날줄처럼 신정의 대서사시를 직조한다. 광야시험을 거쳐 메시아의 공생애가 시작되면서 별리와 출향은 '버림'이라는 또 하나의 주제와 연대하여 신정사를 주도한다. 신의 아들로서의 권리와 자기 과시의 기회를 포기함으로 마귀의 유혹을 물리친 예수는 두 번째 출향을 단행한다.

> 나사렛을 떠나 스불론과 납달리 지경 해변에 있는 가버나움에
> 가서 사시니(마태복음 4:13)

"떠나"는 그리스어 '카타레이포καταλείπω'의 번역으로서 복귀나 귀환이 배제된 별리를 함의한다.* 베들레헴에서 나사렛으로, 그리고 나사렛에서 가버나움으로 각각 영아기와 청년기의 두 차례 출향 뒤에 비로소 메시아의 공생애가 시작된다.

> 이때부터 예수께서 비로소 전파하여 가라사대 회개하라 천국
> 이 가까웠느니라(마태복음 4:17)

메시아의 천국 복음은 출생의 고향과 성장의 고향을 떠난 때, 곧 신정의 카이로스가 이르렀을 그때 선포된다. 이후 전개되는 메시아 신정의 대역사는 제자공동체 형성과 전도 사역에서도 그대로 구현되는데, 메시아의 부름을 받은 제자들의 따름을 복음서는 이렇게 묘사한다.

---

*필자의 『성서 휴머니즘』(한국학술정보), 304쪽 참조.

저희가 곧 그물을 버려두고 예수를 좇으니라(마태복음 4:20)

저희가 곧 배와 부친을 버려두고 예수를 좇으니라(22절)

제자들의 메시아 신정사로의 편입은 '버림'으로 시작됐다. 배와 그물 버림은 어부인 그들에게 생업의 유기를 의미하고, 부친 버림은 자식인 그들에게 혈통과의 별리를 뜻한다. 부친의 갑작스러운 부음을 접한 제자의 귀향 요청을 단호하게 거부하는 장면(마태복음 8:21~22)은 신정사의 관점에서만 설명이 가능한 메시아 별리와 출향의 결정판이다. 생업을 포기하고 혈통을 떠나는 것이 메시아를 따르는 제자도이며 메시아로 완성되는 신정의 대역사에 참여하는 길이다. 출향한 맏아들의 행방을 수소문 끝에 어렵사리 찾아온 모친과 그의 형제들도 메시아의 신정 사역 앞에선 문전박대 신세가 되었고(마태복음 12:46~50), 예수 자신도 고향에서 문전박대당했다. 전도 여정 중 잠시 들린 고향 나사렛에서 예수는 비범한 능력을 인정받고도 사람들로부터 배척당한다(마태복음 13:53~58). 쫓겨나면서 내던진 그의 일갈("선지자가 자기 고향과 자기 집 외에서는 존경을 받지 않음이 없느니라", 57절)은 별리와 출향으로 직조되는 신정사를 증명하고 또 확인한다. 그가 친히 가르쳐 준 제자의 도(마태복음 16:24)는 '버림'의 3단계(자기 부인-자기 십자가 짊어짐-예수 따름) 과정이다. 영생을 갈망하던 부자 청년이 정작 영생의 문턱에서 돌아서는 아이러니는 재물과 가문으로부터의 별리와 출향, 그리고 버림에 동참할 수 없었기 때문이었다(마태복음 19:16~24).

본향을 향한 영원한 이향

별리와 출향, 버림으로 직조되는 메시아 신정의 대서사시는 천부로부터의 완전한 별리("나의 하나님 나의 하나님 어찌하여 나를 버리시나이까", 마태복음 27:46)가 선포된 골고다 언덕 십자가에서 절정에 이른다. 선민과 왕족 특권과의 별리, 두 차례의 출향, 그리고 공생애 중 철저히 견지된 버림의 길고 긴 신정사는 사랑하는 아버지로부터의 '버림받음'이 확정된 순간 그 대단원의 막을 내린다. 그리고 이틀 후, 땅에서의 별리가 완결되자 메시아는 이제 마지막 출향에 나선다. 안식일 후 새벽, 아리마대 요셉의 빈 무덤은 하늘 본향을 향해 떠나는 메시아의 영원한 이향을 배웅했다.

13. 별리別離, 출향出鄕, 그리고 버림2

별리와 출향, 버림으로 체화된 메시아 신정의 유전자는
사도의 몸에 예수의 흔적으로 새겨졌다.

불교의 창시자 석가모니, 유교의 창시자 공자, 이슬람교의 창시자 마호메트……. 그러면 기독교의 창시자는? 많은 이가 예수라고 생각하겠지만 엄밀한 의미에서 예수는 기독교의 창시자이기보다 기독교의 대상이다. 종교라는 제도로서의 기독교는 바울에 의해 시작됐고 예수는 그 제도권 기독교의 믿음과 숭배의 대상이기 때문이다. "내가 이 반석 위에 내 교회를 세우리니"(마태복음 16:18)라는 예수의 예언은 이방 세계의 사도인 바울에 의해 성취됐다는 것이 사도행전의 기록이므로 기독교의 창시자를 바울로 보는 건 타당하다. 기독교의 근본정신은 예수가 본류이고 그 정신을 현실의 체계와 제도로 구현한 인물이 바울이다.

이런 의미에서 예수와 바울은 불가분의 존재인데, 아니 불가분의 존재이어야 할 텐데 아이러니하게도 역사적으로 둘 사이의 연결고리를 찾기는 쉽지 않다. 바울은 예수와 거의 동시대를 살았지만 예수의 제자가 아닐뿐더러 양자는 서로 만난 적이 없다. 더군다나 회심 전 바울은 초기 예루살렘 교회를 핍박한 전력까지 있다. 바울이 공생애 내내 사도의 자격 시비에서 자유롭지 못하고 유대인, 이방인뿐 아니라 그리스도인들까지 그의 사역을 불신하고 방해한 이유다.

예수와 바울의 간극

가장 긴밀하게 연결돼야 할 예수와 바울 간의 역사적 실존적 간극은 복음서와 바울서신 간의 연결고리에 관한 의구심으로 이어졌고 그 결과 지난 1,700년 동안 제도권 기독교 안에서는 복음서 신학과 바울신학 사이에 매우 심각한 이분법 구도가 형성되었다.

개인 구원과 교회 성장, 믿음에 의한 구원과 신앙의 그리스도는 후자의 담론으로, 사회 구원과 교회 성숙, 행위에 의한 심판과 역사적 예수는 전자의 담론으로 자리 잡았다. 교회와 신앙의 역사성과 현실성을 고민하는 소위 진보 기독교는 '역사적 예수'를 추구하고, 그리스도에 대한 신앙과 그로 인한 현세적 내세적 현상에 주목하는 소위 보수 기독교는 '신앙의 그리스도'를 고수하면서 양측이 서로 대립각을 세우고 있는 것이 현 제도권 기독교의 형국이다.

안타까운 건 그 이항 대립의 결과가 '예수'와 '바울'의 분리에서 끝나지 않는다는 점이다. 제도권 교회가 형성되면서 예수와 바울 사이의 실존적 간격은 '예수'와 '그리스도'의 분리라는 불손한 이분법으로 기독교 신앙과 신학 체계 안에 똬리를 틀었고, 그 결과 '예수를 따르는' 체계와 '그리스도를 믿는' 체계가 각각 진보와 보수라는 프레임을 형성한 채 각자의 길을 가고 있다. 양측은 한 분이신 천부를 믿는 자녀들로서의 형제 의식보단, 맘 떠난 부부의 어색한 동숙처럼 크리스천이란 이름의 불편한 동거를 이어가고 있다.

예수와 바울은 정말 다른가? 서로 일면식이 없다는 이유로 양자의 간극을 기정사실화하고 '역사적 예수'와 '신앙의 그리스도' 담론을 자기 프레임으로 고수하는 제도권 기독교의 이분화 현상은 이대로 가도 되는 것인가? 2천 년 전, 역사적 예수와 동고동락했던 열두 사도 중심의 예루살렘 교회와 회심한 박해자 바울 중심 이방 교회 간의 간극은 종교적 진영 논리를 합리화하는 현대 기독교의 볼모로 방치되어도 좋은 것인가? 아브라함과 다윗,

그리고 메시아 예수로 이어지는 신정信程의 역사役事, 곧 별리와 출향, 그리고 버림이 사도 바울에게도 계승되고 있는가? 만일 그렇다면, 즉 사도의 공생애가 신정의 주제를 공유한다면 예수와 바울 사이의 역사적 실존적 간극은 좁혀질 수 있지 않을까?

별리와 출향, 버림의 사도

사도 바울의 생애에서 전개되는 메시아 신정사信程史는 자비량이라는 그의 선교 스타일에서 먼저 확인된다. 당시 바울 선교의 주무대였던 헬레니즘 사회는 일명 길거리 철학자(요즘 말로 버스킹 전도자)들이 활동하던 시대다. 광장이나 거리에서 대중들을 상대로 철학과 지식을 가르치고 토론과 논쟁을 주도하던 그들은 자신들의 생계를 대중들의 호주머니에 의존하곤 했다. 탁월한 언변과 논리로 인기가 올라가면 수입도 덩달아 많아졌고, 쏟아지는 대중들의 호응과 찬사는 떠돌이 설교자들에게 '지식 권력'을 안겨다 주었다. 그 지식 권력은 종종 부의 축적과 성적 착취 수단으로 악용되곤 했으며, 지식에 부합하지 않는 그들의 삶의 일탈은 지식 엘리트로서의 명예를 실추시킬 뿐 아니라 철학과 지식의 고상한 가치를 훼손하는 폐해를 낳기도 했다.

전도자 바울은 그러나 이러한 헬라의 지식 장사꾼들과 달랐다. 그는 자급 선교 형식으로 전도했다. 그의 자비량 선교는 그리스 지식 엘리트뿐 아니라 베드로를 비롯한 예루살렘 교회 파송 전도자들과도 구별됐다(고린도전서 9:4~5). 이방 세계에 복음을 전하고 쟁쟁한 헬라 지식인들과 변론하며 교회 설립에서 목회까지 일인다역一人多役의 사역이었지만 바울은 천막업을 하며 스스로 생계를 해결했다. 고린도 교회의 경우 설립 때부터 줄곧 바울의 영향력 아래 있었고 율법의 가르침이나 상식의 차원에서도 교회로부터 선교 헌금을 받을 권리와 자격이 있었지만 바울은 그 모든 권리를 버렸다(고린도전서 9:7~11, 13~14). 내려놓음이 아니라 버림이다. 바울의 이러한 권리 포기는 그가 다메섹 도상에서 만났다는 예수의 신정사를 공유하고 계승한다.

메시아의 신정사는 바울의 생애에서 재연된다. 회심과 함께 바울은 조상과 가문의 종교 및 관습으로부터의 출향, 그리고 이전까지 누렸던 종교적 혈통적 기득권과의 별리를 단행한다(빌립보서 3:4~6). 자신의 선교지이며 목회지인 고린도 교회에서의 당연한 권리를 버린 바울은 당시 로마제국의 지배를 받던 지중해 국가들과 소아시아 지역에서 사통팔달의 특권으로 여겨지던 시민권마저 복음 전도의 최후 수단으로 극히 제한적으로만 활용했다(사도행전 16:35~38; 22:24~30). 복음 전파에 방해가 된다면 자신의 모든 권리와 유익을 배설물처럼 여긴(고린도전서 9:12; 빌립보서 3:7~8) 바울은 마지막까지 버리지 않았던 시민권을 결국 로마 선교를 위해 사용한다. 유대인들에 의해 반역의 죄목으로 산헤드린 공회에 회부됐지만 시민권자로서 황제의 법정에 설 수 있는 항소권을 주장함으로써 당초의 계획대로 로마로 압송된다. 그렇게 로마에서의 구금 생활 중 복음 전도에 매진할 수 있었던 바울은 이후 석방과 재투옥을 거쳐 참수에 처하기까지 별리와 출향, 버림의 신정사를 그의 생애 최후까지 써 내려갔다.

「사도 바울」 _ 렘브란트(Rembrandt van Rijn, 1630년)

목사가 되기 전에 인간이 되라

역사적 예수를 만난 적 없는 사도의 삶의 여정이 예수의 그것과 궤를 같이한다. 버림과 포기의 연속이다. 당연한 권리를 버리고 당연한 누림도 향유하지 않는다. '복음에 장애가 될까 봐'가 그 이유다. 수년 전, 성남의 한 유명 교회 담임 목사의 설교 동영상을 본 적이 있다. 유럽 순회 집회 과정의 에피소드를 언급하는 대목이었다. 집회 전날 숙소로 전화가 왔는데 집회가 예정되지 않은 어느 한인 교회 목사의 집회 요청 전화였다고 한다. 일정상 어렵다고 하자 거듭 부탁하면서 '전 성도가 목사님 집회를 간절히 바라고 있습니다. 새벽마다 기도하며 마치 예수님을 기다리듯 성도들이 목사님을 기다리고 있습니다'라고 간청하더란다. 엷은 미소를 머금으며 당시 상황을 설명하는 그의 얼굴에서 필자는 먼지 날리는 들판의 황량함을 보았다. 사람이 지혜롭기보다 어리석기가 더 어렵다는 선현의 가르침을 그에게 말해 주고픈 충동은 필자의 교기驕氣일까? 예수를 따르는 제자도(마태복음 16:24)의 제1단계인 '자기 부인self-denial'에 어긋난다는 지적은 요즘 대세 목사의 깊은 영성을 헤아리지 못하는 어리석은 자의 객기일까? 그러나 당나라의 시인 백거이白居易의 시 한 대목을 소개하는 건 목사이기 전에 인간이고픈 범부凡夫의 결기로 봐주면 좋겠다.

> 말하는 자는 알지 못하고 아는 자는 말하지 않는 법,
>
> 이 말을 나는 노군老君에게 들었노라

예수님급 대우를 받는 자신의 위상을 알리고 싶었을까? 담임 목사의 인기를 교인들이 알아줬으면 했던 것일까? 자기가 섬기는 분에 버금가는 자신의 위상과 인기를 알아챘다면 일체 말할 수 없는 것이 '종'의 도리가 아니겠는가. 예루살렘 입성을 대대적으로 환영하는 인파의 환호성과 노랫소리에도 그분을 태운 채 뚜벅뚜벅 성문을 향해 걸어가던 벳바게의 어린 나귀처럼 말이다(마태복음 21:1~11). '목사가 되기 전에 학자(=배우는 자: 필자 註)가 되고 학자가 되기 전에 신자가 되고 신자가 되기 전에 인간이 돼라'는 순교자 김화식 목사(1894~1947, 평양 장대현교회 담임)의 저 일갈의 함의를 중국 선현의 말로 풀어 보자.

성인聖人은 무위의 방식으로 일하고 무언으로 가르쳐야 한다.

자기가 했더라도 뽐내지 않으며

공을 세웠더라도 그 공로를 차지하지 않아야 한다.

무릇 공로를 차지하지 않음으로 해서 그 공이 사라지지 않는다.

_『노자』 제2장 中

한국 교회를 향한 순교자의 일침이 제자백가 선현의 주석을 통해 더욱 아프게 들려온다. 메시아의 '자기 비움'에 어긋나는 대세 목사의 자기 과시는 인간이 되지 못한 성직자의 실체인가? 종교, 가문, 학벌, 시민권 등 과시할 것이 많은데도 단 두 가지, 십자가와 약함만을 자랑한(고린도후서 12:5~10; 갈라디아서 6:14) 사도의 자기 비움 영성을 그 대세 목사는 공유하고 있을까? 당연한 권리 향유조차 복음의 방해가 될 것이 두려워 포기한 사도의 자기 버림 영성이 십자가 걸린 강단에서 자신의 위상과 인기를 거침없이 쏟아 내는 속칭 '스타 목사'들의 내면에 자리하고 있는지 의문이다. 그들에게 사도 바울의 '자기 사망' 선언은 그저 옛사람의 흘러간 읊조림에 불과한 것인가?

오호라 나는 곤고한 사람이로다 이 사망의 몸에서 누가 나를
건져 내랴(로마서 7:24)

어떤 이는 바울의 자기 사망 선언을 회심 전 죄 아래 있던 자기 실존에 대한 회상 정도로 치부한다. 그렇다면 이 고백은 어떤가.

내가 내 몸을 쳐 복종하게 함은 내가 남에게 전파한 후에 자기

가 도리어 버림이 될까 두려워함이로라(고린도전서 9:27)

복음 전파 사명을 완수하고도 버림받을 것이 두렵다는 사도의 고백은 괜한 너스레일까? 지나친 자기 비하일까? 기독교 창시자 반열에 오른 대사도의 실존적 선언과 고백에서 신앙의 정위正位를 발견하지 못하는 이들이 과연 메시아 신정사에 동참한다고 할 수 있을까?

예수의 흔적

소위 삼층천三層天 체험을 통해 낙원에서 신묘불측의 비밀을 보고 듣고서도 이를 삼인칭 화법으로 에둘러 말하는(고린도후서 12:1~4) 사도의 '자기 비움' 수사修辭는 별리와 출향, 버림의 총합이며 그에게 메시아의 신정사가 체화되었음을 보여 주는 증표다.

> 이후로는 누구든지 나를 괴롭게 말라 내가 내 몸에 예수의 흔
> 적을 가졌노라(갈라디아서 6:17)

별리와 출향, 버림으로 체화된 메시아 신정의 유전자는 사도의 몸에 예수의 흔적으로 새겨졌다. 바울은 예수를 만난 것이 아니었다. 예수로 체질화됐던 것이다. 역사적 예수를 만난 일이 없는 이가 예수를 살아 내고 예수를 전하다 죽었으니 예수와의 역사적 간극을 이유로 바울을 소환하고 폄론하는 건 중단돼야 하지 않을까? 바울을 이젠 놓아주자.

14. 별리別離, 출향出鄕, 그리고 버림3

떠나고 이별하고 버리고 버림받는 신정의 대서사시는
예수 그리스도의 고난과 죽음으로 완성됐다.

아브라함으로 시작되고 예수에게서 완성된 신정사信程史는 별리와 출향, 그리고 버림이 마치 동일한 주제의 다양한 변주처럼 연주된 '메시아 신정교향곡信程交響曲'이라 할 수 있다. 기독교 체계와 제도의 창설자 사도 바울은 자신의 생애를 통해 연주된 신정교향곡을 고린도 교회에게 들려준다.

바로 이 시간까지 우리가 주리고 목마르며 헐벗고 매 맞으며 정처가 없고 또 수고하며 친히 손으로 일을 하며 후욕을 당한즉 축복하고 핍박을 당한즉 참고 비방을 당한즉 권면하니 우리가 지금까지 세상의 더러운 것과 만물의 찌끼같이 되었도다(고린도전서 4:11~13)

바울의 교향곡은 별리와 출향, 버림의 변주들이 토해 내는 배고픔과 헐벗음의 소리, 자력 전도의 고된 노동 소리, 핍박과 모함을 참아 내고 원수를 기어이 축복하는 소리들로 구성된다. 고통과 신음, 인내의 협주곡이다. 바울을 쓰레기 같은 존재로 하대하고 멸시하는 대적자들의 온갖 비난과 아우성들도 뒤섞여 있다. 그래서 바울 교향곡의 별칭은 '만물의 찌끼 교향곡'이다.

만물 찌끼 교향곡

연주를 들려준 사도는 고린도 교인들에게 합주를 제안한다.

내가 너희에게 권하노니 너희는 나를 본받는 자 되라(16절)

'만물의 찌끼 교향곡'의 화려한(?) 선율을 들려준 뒤의 합주 제안은 '메시아 신정교향악단' 단원 모집 공고라고 할까? 지원자가 없을 것을 우려했는지 모집 공고문의 언술들이 애절하다.

> 내가 너희를 부끄럽게 하려고 이것을 쓰는 것이 아니라 오직 너희를 내 사랑하는 자녀같이 권하려 하는 것이라 그리스도 안에서 일만 스승이 있으되 아비는 많지 아니하니 그리스도 예수 안에서 복음으로써 내가 너희를 낳았음이라(14~15절)

복음 안에서 아비와 자녀라는 믿음의 혈통까지 언급하며 바울이 호소하고팠던 건 무엇이었을까? 신정교향악단에 참여하면 죽을 고생만 하는 건 아니라는 걸 말하려 했던 것일까? 자식을 죽게 놔둘 부모는 없듯, 복음으로 낳은 믿음의 자녀들을 사망의 자리에 방치하지 않을 것임을 알려 주고자 했던 건 아닐까? 메시아 신정교향악단원이 되면 누리게 될 혜택이 고린도 교회에게 보낸 두 번째 편지에서 상세히 언급된 걸 보면 바울의 의도를 알 것 같다.

> 우리가 항상 '예수 죽은 것을'(=예수의 죽음을: 필자 註) 몸에 짊어짐은 예수의 생명도 우리 몸에 나타나게 하려 함이라 우리 산 자가 항상 예수를 위하여 죽음에 넘기움은 예수의 생명이 또한 우리 죽을 육체에 나타나게 하려 함이니라(고린도후서 4:10~11)

그랬다. 바울의 생애에서 별리와 출향, 버림의 변주곡들로 구성된 메시아 신정교향곡의 테마는 '예수의 죽음'이다. 예수처럼 떠나고, 예수처럼 버리고, 예수처럼 버림받은 바울의 전 생애를 통해 들려온 고난과 죽음의 찬미는 분명 장송곡임이 틀림없다. 그런데 사도는 그 장송곡이 실상은 생명의 찬가임을 통찰한다. 예수의 죽음을 짊어진 자신에게 예수의 생명이 나타나는 신비를 체험했기 때문이다. 죽으면 살고 버리면 채워지고 버림받으면 세워지는 역설. 바울은 자기 몸에 예수의 죽음이 머물러야 예수의 생명이 발현되는 '역설의 진리'를 경험한 것이다.

내가 그리스도와 함께 십자가에 못 박혔나니 그런즉 이제는 내가 산 것이 아니요 오직 내 안에 그리스도께서 사신 것이라(갈라디아서 2:20)

역설의 진리
자신의 삶 속에서 예수 죽음의 장송곡이 연주될 때 내면의 심연에서 부활의 찬가가 들려오는 신비를 사도는 체득했다. 사방에서 욱여쌈을 당해도 싸이지 않고 답답함에 처해도 낙심하지 않으며 핍박과 고난 속에서도 절망하지 않을 수 있었던 건 그의 영혼에 울려 퍼진 천상의 심포니 때문이었다. 사망의 밤이 깊을수록 부활의 여명은 더욱 찬란했다.

> 그런즉 누구든지 그리스도 안에 있으면 새로운 피조물이라 이
> 전 것은 지나갔으니 보라 새것이 되었도다(고린도후서 5:17)

예수와 함께 죽으면 예수와 함께 다시 사는 천상의 신비를 바울은 생생하게 체험했다. 예수의 죽음, 곧 별리와 출향, 버림의 변주곡이 연주될 때 그에게서 부활의 찬가가 힘차게 울려 나왔다. 메시아 신정이 몸에 배태되면 가치 전도 현상이 나타난다. 무명한 자처럼 보이지만 실제로는 유명한 자이며, 죽은 자 같지만 살아 있고, 근심에 사로잡힌 것 같으나 기쁨이 끊이지 않는다. 어찌 그럴 수 있는가? 가난한데 어떻게 남들을 부요하게 할 수 있으며 가진 것이 없는데 모든 것을 가진 자라고 할 수 있단 말인가(고린도후서 6:9~10)?

떠나야 만나고 버려야 채워지며 죽어야 다시 사는 가치 전도의 신비는 믿음의 여정 속에 주어지는 하늘의 선물이다. 이렇게 바울처럼 각자의 삶 속에서 메시아 신정교향곡을 연주하는 이들이 한자리에 같이한다면 어떻게 될까? 시대와 세대, 민족과 인종을 초월하여 메시아 신정사에 동참한 이들이 함께 모여 신정교향곡을 합주하는 우주적 대공연이 펼쳐진다면 그 광경은 어떨까?

천상의 경배

흥미롭게도 이 장면은 요한계시록에 기록되어 있다. 소위 '천상의 경배'(계 4~5장)라 불리는 하늘 보좌 환상은 보좌를 중심으로 전개되는 천상에서의 경배를 묘사한다. 요한계시록 4장은 하늘 보좌를 둘러싼 이십사 장로들과 네 생물이 보좌에 앉으신 하나님께 경배하는 장면이고, 요한계시록 5장은 하나님과 어린 양을 향한 만물의 경배 광경이다. 주목할 것은 4장과 5장 천상의 경배에서 별리와 출향, 버림의 변주로 구성된 메시아 신정교향곡이 연주된다는 점이다. 먼저 4장의 경배 장면을 보자.

> 이십사 장로들이 보좌에 앉으신 이 앞에 엎드려 세세토록 사시는 이에게 경배하고 자기의 면류관을 보좌 앞에 던지며 가로되
> (10절)

장엄하고 경건한 천상의 경배에서 이상한 장면이 포착된다. "보좌 앞에 던지며". 24명의 장로가 쓰고 있던 면류관을 보좌 앞에 던진다? 구약의 열두 지파와 신약의 열두 제자의 합을 나타내는 이십사 장로들은 신구약 시대 하나님을 신앙하고 섬기는 모든 존재들을 상징한다. 그런데 이들이 한자리에 모여 하나님을 찬양하는 이 엄위한 현장에서 감히(?) 면류관을 보좌 앞에 던지다니……, 불손한 태도가 아닌가. 그래서일까? 대한성서공회가 1998년에 발간한 개역개정판 성경은 이 부분을 '보좌 앞에 드리며'로 바꿨다. 가장 경건하고 겸손한 자세로 임해야 할 천상의 경배에서 면류관을 던진다는 건 수정돼야 할 불손의 극치라고 본

것이다. 그런데 모순 속에 진리가 있다고 했던가? 하나님의 보좌 앞에 면류관을 던지는 이 생경한 본문이 사실은 메시아 신정교향 곡의 서곡이었다.

이 서곡을 제대로 듣기 위해선 먼저 수정을 정정해야 한다. 즉, 개역개정판의 '보좌 앞에 드리며'는 처음대로 "보좌 앞에 던지며"로 재수정돼야 한다. 요한계시록 4:10의 원문을 보면 "던지며"는 그리스어 동사 '발로βάλλω'의 번역인데 '발로'는 '던지다 cast, throw', '두다put, place'란 뜻이다. 신약성서에 총 122회 등장하는 '발로'는 '주다give'란 의미로 사용된 용례가 없다. 특히 요한계시록의 28회 용례를 분석해 보면 동사 '발로'는 종말적 재앙 또는 심판과 관련된다(8:5~8; 12:9~16; 18:19, 21 등). 하나님을 대적한 존재들(사탄, 짐승, 거짓 선지자)을 유황불 못에 던져 넣는 행위가 이 동사로 묘사된다. 그렇다면 '발로'를 '드리다'로 번역한 건 24장로들의 행위를 헌물 드림 또는 권위에의 순복으로 해석한 때문으로 보인다. 그리고 24장로들의 면류관은 권위를 의미하는 '디아데마διάδημα'가 아니라 상, 치적, 명예를 뜻하는 '스테파노스στέφανος'다.

따라서 24장로들이 면류관을 벗어 던지는 행동은 헌물 드림이나 권위에의 순복이 아니라 자신의 명예나 치적, 성취들을 버리는 상징적 행위로 보아야 한다. 다시 말해서, 하나님의 보좌 앞에서의 면류관 투척은 자신들의 모든 영광, 자랑, 성과들을 버리는 행위로서(빌립보서 3:7~9 참조) 경배의 본질이 '버림'에 있음을 보여 주는 천상의 퍼포먼스다.

버림: 경배의 원형

요한계시록 4~5장 천상의 경배는 모든 경배 행위의 원형이다. 아브라함을 부르고 독생자 예수를 보낸 창조주 하나님을 향한 신앙, 섬김, 예배의 원리가 담긴 요한계시록 천상의 경배는 창조주를 믿는 종교, 즉 기독교, 유대교, 이슬람교를 비롯해 절대자를 인식하고 숭상하는 모든 종교와 사상, 학문 체계를 향해 선언한다: 참된 예배는 '드림'이 아니라 '버림'이다, 인간을 위해 아들을 버린 신에게 인간이 무엇을 드림은 허황되고 부질없는 작위일 뿐이다, 라고. 신앙과 삶에서 '드림'이 예배의 주제가 되는 순간 창조주는 우상과 동류 취급을 받는다는 구약의 전승(사무엘상 15:22~23; 전도서 5:1; 호세아 6:6)을 계승하는 면류관 투척 퍼포먼스 후 천상의 메시아 신정교향곡이 어린 양의 등장과 함께 시작된다.

> 내가 또 보니 보좌와 네 생물과 장로들 사이에 어린 양이 섰는데 일찍 죽임을 당한 것 같더라…… 어린 양이 나아와서 보좌에 앉으신 이의 오른손에서 책을 취하시니라(요한계시록 5:6~7)

어린 양이 보좌로부터 책을 넘겨받자 마치 지휘자의 사인이 떨어진 오케스트라처럼 네 생물과 장로들이 일제히 '새 노래'를 부르며 어린 양에게 경배한다. 곧이어 수를 헤아릴 수 없는 천사들의 합창과 우주 만물의 장엄한 코러스가 울려 퍼진다. 아브라함으로 시작되어 다윗이 계승하고 예수로 완성된 신정교향곡이 천상에서 연주되는 이 감격스러운 장면의 중심에 어린 양이 있다. 그런데 영화롭고 화려할 것 같은 연주회장의 기상도는 그와 달랐다. 연주회의 지휘자이자 중심인 어린 양의 몰골이 처참하다. '죽임당한 어린 양', 대속제물로 바쳐진(9절) 모습 그대로, 온몸이 도려지고 난자당한 채로 연주회장 한가운데서 경배를 받는 광경은 차라리 비극적이다. 계시를 하달할 때(1:12~16)나 심판을 집행할 때(19:11~16)의 위엄 있는 권위자의 모습과는 너무도 대조적이다.

「어린양에 대한 천상의 경배」 _ 얀 반 에이크(Jan van Eyck, 1429년)

왜 예수 그리스도는 경배를 받는 자리에 왕의 모습이 아닌 죽임당한 어린 양으로 나타났을까? 그것은 그 자리가 별리와 출향, 버림으로 직조된 비극의 대향연장이기 때문이 아닐까? 떠나고 이별하고 버리고 버림받는 신정의 대서사시는 예수 그리스도의 고난과 죽음으로 완성됐다. 어린 양의 출현 직전, 봉인 제거자를 찾지 못한 사도 요한의 갑작스러운 통곡(4절)은 어린 양의 비극적 출현 및 이어지는 비극의 향연(메시아 신정교향곡 연주 및 최후 심판)의 복선이었다.

'예수의 죽음'을 모티브로 한 메시아 신정교향곡 연주회장에서 주인공 어린 양의 비극적 현현은 천상의 경배 테마를 관류한다. 땅에서 완성되고 하늘에서 연주되는 별리와 출향, 버림의 서사시 메시아 신정교향곡은 최후 심판의 서막이다. 네 생물과 장로들의 경배가 끝나고 어린 양이 책의 일곱 봉인을 하나씩 떼어 내면서 만왕의 왕, 만주의 주되신 예수 그리스도(19:16)의 최후 심판이 단행된다(6:1).

15. 변방신학邊方神學과 종교 개혁

'복음의 변방성',
그것이 종교 개혁의 본질이 아닐까.

신영복은 그의 책 『변방을 찾아서』(도서출판 돌베개 刊)에서 '변방' 이 인류문명사에 있어 새 역사의 중심이 되어왔음을 상기시키고 낡은 것에 대한 냉철한 각성과 그로부터의 과감한 결별이 '변방성邊方性' 의 핵심이라고 갈파한 바 있다. '변방' 이 중심부에서 멀어진 주변부, 즉 문화와 경제적 측면에서 낙후된 곳을 의미하는 공간적 개념이라면 '변방성' 은 인간의 내면화된 의식이자 정신으로서 속박의 틀을 깨는 탈문맥脫文脈, 강제로부터 벗어나 달리는 탈주脫走로 특징지어진다.

변방과 변방성을 비교 설명하면서 신영복은 변방성을 갖춘 중심부의 가능성을 부인하지 않을 뿐 아니라 변방성을 상실한 변방의 교조주의에 대한 지적도 빼놓지 않음으로써 양극단의 쏠림을 경계한다. 이처럼 균형을 잃지 않는 그의 변방 담론은 기존의 이념과 가치, 원리와 체제에 대한 거부 및 해체를 주장하는 포스트모더니즘과는 일정한 간극을 두고 있어 주목할 만하다.

변방의 구도자

나사렛에서 무슨 선한 것이 날 수 있느냐(요한복음 1:46)

빌립에게서 나사렛 출신 전도자에 관한 소식을 전해 들은 나다나엘의 반문은 친구의 전도를 묵살하는 빈정거림일까? 나사렛 예수에 관한 이 반문은 나다나엘을 회의론자로 간주하여 그가 열두 사도에 포함되지 않는다는 주장을 제기하는 근거가 되기도 한다.* 그러나 나다나엘의 반문은 역설적이게도 메시아 대망의 오랜 꿈이 성도聖都 예루살렘이 아닌 갈릴리 촌락에서 실현될 것이라는 변방신학邊方神學의 요체를 함의하고 있어 흥미롭다. 무화과나무 밑에서 성경의 약속을 묵상하는 나다나엘의 영적 내공을 간파한 예수가 그의 진실성을 인정했다는 점(요한복음 1:47~48), 예수의 메시아적 권위를 보여 줄 하늘의 계시에 나다나엘이 참여하게 될 것임을 밝힌 점(51절), 그리고 나다나엘의 진실성 인정이 그의 신앙고백 이전에 주어졌다는 점(49절) 등은 그에 대한 세간의 의혹들이 억측일 수 있음을 보여 준다.

> 작은 돌멩이 하나가 완고한 벽을 깨뜨리지는 못한다.
> 그러나 깜깜한 어둠 속을 달려가 벽에 부딪치는 '작은 소리'
> 를 보내옴으로써 보이지 않는 벽의 존재를 알리기에는 결코
> 부족하지 않다.(『변방을 찾아서』, 30쪽)

나다나엘의 반문을 탈문맥 독법으로 읽을 때 '나사렛에서 선한 것이 날 수 있다'는 의미로 들리는 건 필자의 착각일까? 변방 갈릴리 가나 출신인 참 이스라엘 사람에게 나사렛 깡촌에서 전·해 오는 소식은 유대 사회 중심부를 향하는 변방의 소리로 들렸을 것이다. 여호와의 선민으로서의 자긍심에 도취된 나머지 자비와 공의라는 율법의 참 정신을 잃어버린 주류 유대교를 아파했던 변방의 구도자는 변방의 소리를 만나자 깨달음에 이른다. 이스라엘을 회복시킬 여호와의 통치가 변방 출신 전도자를 통해 유

---

*공관복음의 '바돌로매'(마가복음 3:18)가 나다나엘이라는 견해가 학계의 정설이다.

대 사회 중심부로 진입할 것이라는 하늘의 계시는 바로 그때 주어졌다. 진정한 깨달음은 주류와 불화不和할 것이라고 했던가?* 중심부를 향하는 변방의 역동성이 선포된 이후의 요한복음 서사는 주류 사회의 관습과 사고를 전도顚倒시키는 탈문맥과 탈주의 사건들로 전개된다.** 그리고 복음서는 주류 전도의 첫 번째 사건 발생지가 변방 구도자의 고향 갈릴리 가나Cana임을 밝힌다(2:1; 21:2).

복음의 변방성

> 형제들아 너희를 부르심을 보라 육체를 따라 지혜 있는 자가
> 많지 아니하며 능한 자가 많지 아니하며 문벌 좋은 자가 많지
> 아니하도다(고린도전서 1:26)

유대 주류 사회의 일원이었던 바울은 선민 이스라엘의 변방인 이방 세계 선교의 첨병으로 부름받는다. 변방이 새 시대의 중심으로 부상하는 순간이다. 2천 년 전통의 구체제(유대교)에서 신체제(이방 교회)로 신의 구원 섭리가 이동하는 역사적 대전환의 기점이기도 하다. 고린도 교회는 바울의 2차 선교 여행 시 설립된 교회로서 바울이 두 차례 장문의 편지를 보낼 정도로 각별한 애

---

* 『변방을 찾아서』, 103쪽 참조.
** 혼인 잔치의 주인이 준비해야 하는 포도주를 잔치의 객이 준비함(2:1~11), 예루살렘성전 제의의 상업화 폐습 척결(2:13~16), 모태 출생을 초월하는 '거듭남'의 비의秘義 누설(3:1~9).

정을 가진 교회다. 편지의 분량만큼 교회 내부의 문제도 많았음은 물론이다. 위 본문은 소아시아와 마케도니아 지역을 포함하는 바울의 초기 변방 선교의 상징성을 띤 고린도 교회에게 보낸 첫 번째 편지 서두의 한 대목이다. 구체제의 아들로서 변방 선교의 사도로 부름받아 세운 고린도 교회 교인들을 향해 바울은 '십자가의 도'(18절)를 언급하면서 고린도 교인들의 변방성을 환기시킨다. 그리고 그 변방성이 '십자가의 도'와 어떤 관련이 있는지를 설명한다.

> 하나님께서 세상의 미련한 것들을 택하사 지혜 있는 자들을 부끄럽게 하려 하시고 세상의 약한 것들을 택하사 강한 것들을 부끄럽게 하려 하시며 하나님께서 세상의 천한 것들과 멸시받는 것들과 없는 것들을 택하사 있는 것들을 폐하려 하시나니 (1:27~28)

하나님은 유대교의 변방인 고린도를 선택하셨고 고린도에서도 주류가 아닌 변방의 사람들을 불러 모으셨다. 변방을 향한 신의 경륜이다. 변방(미련한 자, 약한 자, 천한 자, 멸시받는 자, 없는 자)을 택하여 중심부(지혜자, 강한 자, 있는 자)를 철폐시키는 것이 십자가 복음의 본질임을 천명함으로써(1:18~2:5) 바울은 고린도 교회 문제의 원인이 변방성 상실에 있음을 밝힌다. '복음의 변방성', 이것이 세상이 모르는 신의 지혜이며(2:8) 세상을 구원하는 신의 능력이라고 바울은 갈파한다(1:18; 2:1~5).

Sola scriptura!

"오직 성경으로!". 종교개혁 오백 주년을 맞은 개신교회는 그들의 선조들이 외쳤던 구호를 지금도 외친다.

그렇다면 개신교회는 성경을 성경으로 대우해 왔을까? 조상들이 목숨 걸고 지켜 낸 숭고한 신앙의 가치를 잘 보존했다고 자부할 수 있을까? 성경보다 교리를 우선시한 교황 종교를 향해 쳐들었던 개혁의 기치를 오백 년이 지나 그 후손들이 다시 펄럭이는 건 결과적으로 개혁의 실패를 자인하는 게 아닌가? 성경을 무시한 주류 종교를 향해 저항했던 변방의 외침이 오백 년 묵은 교회를 향해 터져 나오는 건 개신교의 변방성 상실 내지는 이탈을 알리는 경고음이 아닐까?

로마가톨릭의 변방으로 출발한 개신교는 어느새 주류 종교의 반

열에 올라 과거 가톨릭교회가 들었던 외침을 들어야 하는 처지가
되고 말았다. 중심부가 쇠락하는 건 변화를 거부하기 때문이고
변방이 새 시대의 중심이 되는 건 변화를 향한 과감한 도전 때문
이라는 신영복의 일갈은 고린도 교회의 변방성 회복을 촉구하는
바울의 권계와 시공간을 넘어 맞닿아 있다. '복음의 변방성', 그
것이 종교 개혁의 본질이 아닐까.

16. 대작代作 인생, 내 작作 인생

only one의 길을 가고 있을 우리의 아웃사이더에겐
인공지능의 도전쯤은 겁나지 않으리

흔히 아이들을 하얀 도화지 같다고 한다. 채움의 무한한 가능성을 나타내는 이 말은 그러나 대작代作의 위험성을 동시에 함의한다. 사람들은 하얀 도화지에 무엇을 그릴까에는 주목하면서 누가 그릴까엔 무관심한 것 같다. 아이의 도화지에 '명문대', '대기업', '의사', '변호사'를 그려 넣고 사교육, 8학군에 올인하지만 정작 누가 그려야 하는가는 묻지 않는다. 서울대 음악학과 민은기 교수는 모 일간지 기고 칼럼에 자신의 프랑스 유학 시절 유치원에서의 경험을 귀국 후의 경험과 비교하며 술회했다:

> 내 아이는 종이접기나 찰흙 공예 등 날마다 유치원에서 뭔가를 만들어 왔는데, 놀랍게도 아이 혼자서는 도저히 만들 수 없는 수준의 작품들이었다. 낙서에 가까운 조악한 그림을 그대로 집으로 보내 주었던 프랑스 유치원과는 격이 달라도 크게 달랐다.

우리 사회의 보여 주기식 교육의 문제점을 지적하면서 민 교수는 "서툴러도 자신의 손으로 직접 무언가를 만들고 어설퍼도 동심에 맞는 자신들의 노래를 하는 곳이 필요하다. 그런 작고 소중한 경험들이 모여야 내일의 삶을 힘차게 헤쳐 나갈 힘이 생길 테니까."라며 주입식 교육에서 주체적 교육으로의 패러다임 전환을 역설했다.

주체적 교육

작년 11월 한국을 방문한 영국 케임브리지대 니덤 연구소 크리스토퍼 컬른Christopher Cullen 교수는 한국 학생들의 과학 성적은 좋지만 열의가 낮다고 지적한 바 있다. 시험 위주, 암기 위주 주입식 교육의 민낯이다. 독일의 정신분석학자 에리히 프롬Erich Fromm은 아동의 독자적 사고를 막고 지식을 주입하는 제도권 교육이 '아동의 내적 독립과 개성 촉진' 이라는 교육의 목표와 이상을 훼손한다고 갈파했다:

> 자발적 활동을 억압하여 진정한 개성이 발전하지 못하도록 침해하는 행위는 아주 일찍부터 시작된다. 실제 어린아이에 대한 첫 교육적 조치부터가 이미 그런 행위이다. (중략) 우리 문화에서는 교육이 빈번하게 자발성의 말살로 이어진다. _ 에리히 프롬,『나는 왜 무기력을 되풀이하는가』中

도화지에 아이 자신이 그리는 게 주체적 교육이라면 남이 그리는 건 주입식 교육이다. 인공지능의 거센 도전에 직면한 4차 산업혁명 시대는 암기와 정답 맞히기, 성적 줄 세우기로 대변되는 주입식 교육에게 종언을 고한다. 인간은 인공지능의 빅데이터와 딥러닝을 이길 수 없다는 게 알파고에 의해 입증된 바 있다. 인간과 달리 질병, 휴식, 휴가가 없는 인공지능의 전천후 작업 능력을 인간은 결코 따라갈 수 없다. 그렇다면 과연 인간은 무엇으로 인공지능을 극복할 수 있을까?

인간을 위협하는 인공지능 시대는 역설적이게도 교육의 본질 회복을 촉구한다. 기계에게 없는 인간의 감성과 창의력이 인공지능을 극복할 수 있게 하는 동력인데 감성과 창의력은 남이 해 주는 '대작의 삶'에선 기대하기 어렵기 때문이다. 어설프고 엉성해도 내가 그려 보고 내가 채워 봐야 한다. 주체적 교육의 핵심 기치는 '남보다'가 아닌 '전前보다', '뛰어남best one'보다 '다름only one'에 있다. 서울대, 대기업, 의사를 그려도 아이가 그리면 내 삶이지만 남이 그리면 대작 인생일 뿐이다.

아웃사이더 꼬마

승범이는 필자가 설립한 어린이집 아이다. 연말 발표회 준비가 한창이던 어느 날 담임 선생님이 걱정을 쏟아 낸다. 승범이가 연습에 잘 참여하지 않고 종종 대열에서 이탈한다는 것이다. "승범이 잘 안 따라 하죠? 그런데 크게 걱정 안 하셔도 될 거예요. 좀 기다려 주시면 됩니다. 실전에 강한 아이거든요." 이후로도 승범이의 참여도는 여전했지만 내 예상은 빗나가지 않았다. 따라 하지 않는 아이 승범이는 발표회 당일 자신의 무대를 펼쳤다. 특히 의자에 앉아서 오카리나를 연주하는 장면이 압권이었다. 무릎을 모으고 바른 자세로 앉아 두 손으로 오카리나를 들고 연주하는 다른 아이들과 달리 엉덩이를 의자 끝에 걸친 채 비스듬한 자세에서 한 손으로 오카리나를 잡은 승범이는 그렇게 연주를 끝냈다.

객석 맨 앞줄에 앉은 필자가 본 녀석은 더 이상 장난꾸러기가 아니었다. 자세는 불량(?)했지만 표정은 진지했고 눈빛은 살아 있었다. 곡이 끝날 때까지 그 불량한 자세에 미동도 없이 연주에 집중했다. 연습할 때 떠들고 장난치던 꼬마 아웃사이더는 그날 무대에서 자기의 연주를 했다. 주입식이 아닌 자기식대로, 바람직한 자세가 아닌 바라는 자세로 승범이는 그렇게 연주를 즐겼다.

　시키는 무대가 아닌 즐기는 무대에 감동한 이는 나 말고 더 있었다. 승범이와 같은 반 재우 어머니는 과거 보육교사로 이런 행사를 해 본 경험을 말하면서 무대를 즐기는 아이들 모습에 크게 감동했다며 기뻐했다. 보여 주기식 행사의 비교육적 과정이 힘들었었다는 그의 고백은 우리 사회에 횡행하는 대작 인생의 폐해를 고스란히 담고 있었다. 수년 전, 유명 가수 조 모 씨가 자기 이름의 대작 그림을 유통하다 적발돼 물의를 빚은 바 있었다. 우리의 아이들을 이렇게 대작 인생으로 유통되게 할 수는 없지 않겠는가. 전남 순천시 '기적의 놀이터'의 총괄 디자이너 편해문 씨는 모 강연장에서 자신을 46살 먹은 아이로 봐 달라면서 청중들을 향해 투덜거렸다: "제발 우리들이 하게 좀 놔두세요!!" 학교와 유치원, 그리고 발표회 무대까지 장악한 주입식 교육의 암영으로부터 아이들의 놀이터를 지키겠다는 어른 아이의 절규다.

예수 홀로, 예수 최고

성서는 예수를 '독생자獨生子, the only begotten Son'라고 소개한
다(요한복음 3:16, 18).

'홀로獨, only'와 '나신 또는 사신 아들生子, begotten Son'의
합성어인 이 표현을 대할 때 의문이 들 수 있다: '왜 최생자最生
子, the best begotten Son가 아니고 독생자일까?' 예수 그리스도
의 위격을 함의하는 표현으로 '최생자', 즉 최고로 나신(사신) 아
들이 더 어울린다는 생각은 그런데 1등, 최고를 지향하는 세속적
가치관이 아닐까? '~가운데 최고'는 '1등만 기억하는 더러운 세
상', 실적 성적 스펙을 추구하는 결과 지향적 가치와 직결되고 차
별, 배타, 소외를 초래한다. 반면 '~가운데 홀로'는 '2등 이하가
1등의 존립 기반인 세상', 정직 정의 등의 과정 지향적 가치와 연

계되어 공평, 화합, 배려를 창출한다.

기독론의 테제는 참 신이며 참 인간인 예수 그리스도다. 그는 신성과 인성이 함께 구현된 '홀로' 의 존재다. 신이면서 인간처럼 살다 죽고 인간이면서 신처럼 다시 살아난 이는 그밖에 없다. 자신의 삶과 죽음을 인류의 속죄를 위한 제물로 규정하고 그 규정대로 살고 죽은 이는 인류 역사를 통틀어 그 말고는 전무후무하다. '예수 최고Jesus the best' 가 아닌 '예수 홀로Jesus the only가 맞는 이유다. 그는 자신을 정치적 지도자, 열국의 왕으로 옹립하려는 이들이 만들어 놓은 화려한 대작의 무대를 거부하고 '홀로路', 곧 혼자의 길을 갔다(요한복음 6:14~15; 마태복음 4:1~11). 예수는 그렇게 '내 작 인생' 을 살았다. 대제사장들에게 붙잡히기 전 피땀으로 기도한 겟세마네 동산은 예수에게, 청해진 십자가의 길이 청한 길이 되는, '내 작 무대' 였다(마태복음 26:36~42; 누가복음 22:44). 십자가 죽음은 그렇게 그의 길이 되었고 그의 '내 작 인생' 의 결정판이었다. '내 작 인생' 은 죽음조차 생명으로 치환한다는 것이 독생자 기독론의 요체다.

엄친아, 성적 제조기, 명문대 진학, 대기업 입사……, 부모와 사회의 획일화된 가치관에 의해 '강요된 나', '네가 원하는 나' 로 살아가는 이 나라의 대작 인생들에게 '내 작 인생' 으로의 전환을 촉구하면서 독생자 기독론은 대작의 길을 이탈하면 고생길이라는 엄포에 주저하지 말라고 독려한다. 고생길도 죽음의 길도 나의 길이 되면 생명과 부활로 이어진다는 걸 예수의 언설(마태복음 7:13~14; 16:21)과 삶이 증명했기 때문이다. 이제는 초등학생

이 되어 only one의 길을 가고 있을 우리의 아웃사이더에겐 인공
지능의 도전쯤은 겁나지 않으리라!

17. 은밀 휴머니즘1

신의 은밀함을 모르는 것이 불행,
그 은밀함을 견지하지 않는 종교는 거짓이다.
_파스칼

세계적인 경영 컨설턴트 짐 콜린스Jim Collins는 그의 책『좋은 기업에서 위대한 기업으로Good to Great』(도서출판 김영사 刊)에서 리더십과 관련해 흥미로운 연구 결과를 내놓았다. 5년 동안 미국 전역의 기업가 2천 명을 상대로 약 1만 5천 시간을 직접 인터뷰하는 어마무시한(?) 발품을 팔아 분석한 성공 리더들의 캐릭터를 그는 다음 9가지로 정리했다: '조용한, 자신을 낮추는, 조심스러운, 정중한, 부드러운, 수줍어하는, 나서기 싫어하는, 말수가 적은, 자신에 관한 기사를 믿지 않는.' 불도저 같은 추진력, 태산도 두려워하지 않는 호기, 좌중을 압도하는 언변과 카리스마 등등 리더의 이런 면모를 기대했던 이들에겐 다소 의외의 분석이다. 세계의 자본과 첨단 기술의 총 집하장. 날고 긴다는 경영의 귀재들이 치열한 각축전을 펼치는 초강대국에서 기업을 일궈 낸 용장들의 이미지로는 왠지 어울릴 것 같지 않기 때문이다.

조용하고 수줍어하고 나서기 싫어하다니…… 그렇게 생겨 먹어서(?) 세계를 리드하는 미국 사회에서 통할 수 있을까? 대인 관계와 기회 포착에 능란하고 금융계와 관계官界를 종횡무진 누비는 사업 수완이 필수인 한국의 CEO상과도 거리가 있다. 하지만 6천 건의 관련 논문과 3억 8천 바이트의 빅데이터에 기반한 분석 결과이니 마냥 부정할 수만은 없는 노릇 아닌가.

무치無治 리더십

콜린스의 성공한 기업가 이미지는 중국 제자백가서 『노자』의 정치론과 맞닿아 있어 흥미롭다. 『노자』 제17장은 바람직한 지도자상으로 '덕치德治', 즉 백성의 존경을 받는 군주를 제시한다. 백성들을 자비와 사랑으로 보살피는 덕치 군주는 일견 최고의 리더십으로 보인다. 하지만 제자백가 선현의 지혜는 '무치無治'를 제일로 꼽는다. '무치'는 임금의 존재를 백성이 알지 못하는 정치, 임금이 백성들의 삶에 간여하지 않는 리더십을 의미한다.『노자』는 이를 '태상太上'의 정치, 곧 가장 이상적인 리더십으로 보았다. 백성들이 임금을 찾을 필요가 없는, 다시 말해서 힘없고 약한 이들이 군이 임금에게 호소하지 않아도 될 만큼 국가와 사회의 제도와 법령이 잘 구비된 태평성대 리더십을 노자는 '무치'라 한 것이다. 대통령이 전면에 나서서 국정 전반을 진두지휘하고 대통령의 얼굴이 연일 뉴스와 신문의 헤드라인을 채우는 대한민국 정치의 현실을 '무치'라고 할 수 없는 이유이기도 하다.*

'있으나 마나'가 아닌 '있는 듯 없는 듯'한 무치 리더십은 나서기 싫어하고 말수가 적은 미국 기업가들 이미지와 상통한다. 나서기 싫어하는데 어떻게 기업을 성공시킬 수 있을까? 있는 듯 없는 듯한 CEO들은 어떤 캐릭터일까?『노자』제2장은 '자기가 했어도 뽐내지 않고 공을 세웠어도 차지하지 않는다'는 주석을 달고 그들을 '성인聖人'이라고 했다.

있는 듯 없는 듯
중국 선현의 고훈古訓과 세계적 컨설턴트의 최신 연구는 '있는 듯 없는 듯' 리더십을 공유하고 있다. 그렇다면 성서는 이와 관련

---

*대통령이 정부 부처 특정 공무원의 인사에까지 개입한 만기친람萬機親覽의 가공할 결말을 우린 박근혜 정권의 몰락을 통해 보았다.

해서 어떤 교훈을 주고 있을까? 콜린스의 성공 리더 9가지 캐릭터에 맞는 인물이 누가복음 18장의 비유에 등장하는 세리가 아닐까 싶다. 어느 날 바리새인과 세리가 성전에서 기도하고 있다. 전자는 유대 사회의 종교 엘리트이고 후자는 경제 엘리트다. 유대 사회를 대표하는 두 리더의 기도 양상이 사뭇 대조적이다. 바리새인은 당당한 모습으로 자기의 부작위(토색, 간음, 불의를 하지 않음)와 작위(금식과 십일조)를 신께 아뢴다. 기도라기보단 공치사라 해야 할 것 같다.

반면 세리의 기도는 작위도 부작위도 아닌 자기 비하에 가깝다. 고개를 떨군 채 가슴을 내려치며 죄인임을 고백한 뒤 신의 자비를 구하는 모습은 요샛말로 셀프 디스의 결정판이다. 두 사람 중 누구를 자신의 리더로 선택하고 싶은지 학생들에게 물었다. 많은 학생이 바리새인을 선택했다. 자신감 넘치고 도덕성까지 갖춘 유대교 지도자는 N포세대 청년들에게 매력적인 캐릭터였을 것이다.

그런데 한 학생이 용감하게도(?) 세리를 지도자감으로 꼽았다. 능력과 자질 면에서 바리새인이 유능한 리더인 것은 맞지만 그의 동료나 부하 직원들은 행복할 것 같지 않다는 게 이유였다. 세리의 경우 자신을 돌아볼 줄 아는 성품이 주위 사람들에게 안정감을 주고 그의 겸손함은 공적을 남과 나눌 줄 알아서 신뢰를 갖게 할 것이다는 학생의 부연 설명은 들끓던 반론을 잠재워 버렸다. 바리새인 리더십이 성장 주도의 산업화 시대에 걸맞은 리더십이라면 세리 리더십은 성장 이후 분배 정의 실현에 최적화된 리더십이 아니겠냐는 양시론으로 이날 토론을 마무리했다.

누가복음의 비유는 자신을 높이는 자와 자신을 낮추는 자를 비교하고 자신을 높이는 자들이 남을 멸시한다는 점을 바리새인 캐릭터를 통해 부각시킨다(누가복음 18:9). 이와 달리 세리의 셀프 디스는 자기 비하나 자포자기가 아닌 겸손으로 평가되어 예수는 그를 신 앞에서 옳은 자, 곧 의인으로 선포한다(14절).『노자』와 콜린스의 무치 리더십은 이렇게 누가복음 비유의 의인 리더십과 닮아 있다. 자신을 드러내지 않으면서 남을 유익하게 하는 리더십, 이른바 은밀한 리더십이다.

은밀, 신통神通, 신자神子

성서의 신은 은밀한 천부로 소개된다. 마태복음 6장은 유대교 리더들의 과시적 기도 행태(기도의 능력을 남들에게 보이려는 행태)를 비판한 뒤 '골방 기도'를 제시한다. 물리적 장소상의 골방이 아니라 신과의 연대감 내지는 일체감을 강조하는 골방 기도는 신의 은밀성을 전제한다.

> 너는 기도할 때에 네 골방에 들어가 문을 닫고 은밀한 중에 계신 네 아버지께 기도하라 은밀한 중에 보시는 네 아버지께서 갚으시리라(마태복음 6:6)

'은밀한 중in secret'에 계신 천부는 은밀한 기도뿐 아니라 은밀한 구제(3절), 은밀한 금식(18절)을 보상한다. 그 은밀함은 오른손의 행위를 왼손이 모를 만큼이다. 가장 가까운 파트너조차 알아채지 못할 정도의 은밀함이 천부와 통通한다. 이른바 '신통

神通'. 은밀함이 신통한다. 자랑할 만한, 사람의 시선을 끌 만한 행위를 아무도 모르게 행하는 사람은 신통한 자이며 천부의 품성을 공유하는 천부의 자녀, 곧 '신자神子' 다. 천부와의 일체감 속에 살아가는 신자는 철저히 자신을 드러내지 않기 때문에 기도도 안 하고 구제도 안 하고 금식도 안 하는 것처럼 보인다. 그러나 사람에게 안 보였을 뿐 그는 신의 인정을 받는 기도, 구제, 금식을 행한다. 사람에게 숨겨졌다는 건 천부께 인정받았다는 뜻이다.

유대교 지도자들의 과시적 종교 행위는 신을 독점했다는 종교 엘리트의 망상에서 비롯됐다. 파스칼B. Pascal은 신의 은밀함을 모르는 것이 불행의 시작이며 그 은밀함을 견지하지 않는 종교는 거짓이라고 갈파한 바 있다. 사람에게 보이고 인정받으려는 유대교 엘리트의 버스킹 기도 퍼포먼스는 신통하지 못한 거짓 종교의 뮌하우젠증후군Münchausen syndrome이다. 반면 성전에서 기도하는 세리의 셀프 디스는 신자神子의 자아 성찰과 자기 부인self-denial의 모습이다. 인간의 내밀한 것을 살피는 천부와 통하는 이들은 자신의 죄성을 알게 되어 자기의 공적이나 공로를 내세우려 하지 않는다. 이러한 은밀한 캐릭터가 치열한 경쟁 사회에서 오히려 리더로 인정받는다는 것이 콜린스의 연구를 통해 증명됐다. 자신을 드러내지 않고 주위를 배려하는 그는 있으나 없는 것 같은 '무치' 의 리더다.

탈형상화 계명

천부의 은밀함과 연대한 신자의 캐릭터는 은밀한 성품, 일명 '은밀 휴머니즘' 이다. 그는 사람을 의식하여 사람에게 보이려고 선행을 하지 않는다. 그래야 편하기 때문이다. 그래야 천부와의 소통이 단절되지 않기 때문이다. 내 공적을 알리고 사람들의 칭찬과 주목을 받는 것이 부담스러워 자신을 나타내려 하지 않는 그는 은밀 휴머니스트다. 은밀 휴머니즘은 성서의 신, 곧 하나님의 성품을 닮았다. 구약성서에서 여호와, 신약성서에서 천부로 소개되는 하나님은 자신을 잘 드러내지 않는다. 출애굽의 대업을 모세에게 지시하는 엄중한 장면에서 여호와는 직접 나타나지 않고 대역(천사)을 쓴다. 호렙산 불붙은 떨기나무에 임한 천사로부터 여호와의 음성만 들릴 뿐 모습은 볼 수 없었다(출애굽기 3:1~4).*

출애굽 후 시내산에서 십계명을 하달할 때 여호와는 다시 나타난다. 이번엔 대역을 쓰지 않았지만 산 전체를 뒤덮은 화염 속에서 여전히 모습은 보이지 않은 채 음성으로 자신의 존재를 확인시킨다(출애굽기 19:16~19). 그렇게 주어진 십계명 제2계명은 우상의 형상 제작을 엄금한다(20:4~5). 그런데 만들지 말아야 할 것은 우상의 형상만이 아니었다.

> 내가 하늘에서부터 너희에게 말하는 것을 너희가 친히 보았으니 너희는 나를 비겨서 은으로 신상이나 금으로 신상을 너희를 위하여 만들지 말고(출애굽기 20:22~23)

여호와는 이방 신들의 형상뿐 아니라 자신의 형상도 만들지 말

---

*4~5절의 기록을 보면 여호와의 음성을 들은 모세는 여호와의 모습을 보기 위해 떨기나무로 다가가지만 제지당한다.

것을 제2계명의 주석을 통해 엄명한다. 제2계명은 여호와든 이방신이든, 그 외 어떤 피조물이든 일체의 형상 제작과 숭배를 전면 금지한다는 이른바 탈형상화脫形象化 계명이다.

이 계명에서 또 한 가지 주목할 것은 형상 제작 금지의 이유다. "내가 하늘에서부터 너희에게 말하는 것을 너희가 친히 보았으니". 이스라엘 백성들은 신 강림의 표식(우레, 번개, 나팔소리, 화염. 출애굽기 19:18; 20:18 참조)을 보았고 여호와의 음성을 들음으로 여호와의 존재를 확인했으니 형상을 만들지 말라는 것이다. 즉 여호와의 모습을 못 봐서 모르니 형상을 만들 수 없어야 하지만 호렙산 떨기나무 앞 모세처럼 궁금한 나머지 상상으로 만들려 할 것이라는 우려가 주석에 담겨 있다.

그러나 신상 제작 금지령을 담은 여호와의 돌판이 모세에게 수여되는 그즈음, 산 아래서 모세를 기다리다 조바심이 난 이스라엘 백성들은 결국 우려대로 금송아지 형상을 만든다(출애굽기

「금송아지 경배」 _ 니콜라스 푸생(Nicolas Poussin, 1634년)

32:1~6). 여호와의 모습이라고 추정하여 만들었지만 금송아지는 애굽의 신 아피스Apis의 형상이고 그 제조법도 애굽식이었다. 신상 제작과 제단 축조는 신을 사유화하려는 이방 종교의 전형이며 바다를 가르고 초자연적 재앙을 내리는 권능의 신을 독점하려는 탐욕의 발현이다. 석단을 쌓을 때 인공술을 가하지 말라는 명령이 신상 제작 금지와 함께 주어진 건 신 사유 욕망에 대한 경고였다(출애굽기 20:24~26 참조).

은밀함과 거룩함

고대 종교인들은 신을 형상화했다. 고대 이집트와 그리스의 다신교는 자신들이 신봉하는 신들의 모습을 그림이나 조각으로 남겼고 그것들로 장식된 화려하고 웅장한 신전은 종교 헤게모니의 본산이 됐다. 하지만 여호와 종교는 그 시원始原에서부터 이방 종교들과 달랐다. 일체의 형상 제작과 숭배가 금지됐으며 인공이 최소화된 종교 체계를 지향한다. 신의 사유화로 종교적 탐욕을 채우는 이방 종교들과 구별된 여호와 종교, 그것이 여호와의 거룩함이며 이 거룩함은 여호와의 은밀한 성품에 기초한다. 그러므로 "내가 거룩하니 너희도 거룩할지어다"(레위기 11:45)는 '내가 은밀하니 너희도 은밀하라' 란 뜻과 다르지 않다. 자신의 모습을 끝내 보이지 않은 신의 의도를 깨닫고 신의 은밀함을 닮은 이들은 일의 성과를 독차지하지 않고 동료들과 나누며 실패의 책임을 남에게 전가하지 않고 공유한다. 은밀 휴머니즘이 진정한 리더의 자질인 이유다.

신 앞에서 서로 다른 모습으로 기도하는 바리새인과 세리, 두 리더 중 워라밸Work and Life Balance과 '저녁이 있는 삶'을 더 잘 이해하는 사람은 누굴까? 다수의 의견을 무릅쓰고 세리를 파트너로 선택한 그 학생은 진정한 욜로Yolo족이 아닐까?

18. 은밀 휴머니즘2

신의 설계대로 제작된 신의 거소에
정작 신의 형상은 없었다.

서울 모 교회 이○○ 목사님. 성서적이고 건강한 목회로 신도들에게만 아니라 목회자들에게도 존경받는 인품과 영성, 지성을 두루 겸비한 분이다. 전립선암 수술로 수개월 간 떠났던 강단에 복귀하는 날, 수술 이후의 회복 과정을 술회하는 장면이 기억에 남는다. 수술 당일부터 4일 밤낮을 꼼짝없이 누워 있어야 했고 끊어지는 듯한 허리와 퉁퉁 부어오른 다리의 통증으로 인해 잠을 잘 수 없었다고 한다. 5일째 돼서야 스스로 세수와 양치를 하고 겨우 걸을 수 있었지만 수술 부위 때문에 앉지도 못하고 거의 누운 자세로 식사와 배변을 해결해야 했던 경험을 담담하게 풀어 놓았다.

그곳의 통증과 싸워나가는 상황을 차분한 톤으로 설명하는 모습보다 더 인상적이었던 건 그의 감사의 변이다. 사람이 앉을 수 있다는 것, 원하는 대로 눕고 일어나 걸어 다닐 수 있다는 것, 그리고 내 손으로 양치와 목욕을 할 수 있다는 것들이 얼마나 감사한 일상들인지를 절감했다는 60대 중반 남성의 뒤늦은 참회(?)에 공감이 되면서도 '왜 그걸 이제?'라는 아쉬움이 짙게 남았었다.

존재감 없는 존재들

지성과 영성이 어우러진 명설교, 식자층 크리스천들 사이에서 선호도 1위 목사라는 유명세가 무색하게 그날 그가 토로한 감사는 인간의 기본적인 생리 작용에 관한 것이었다. 먹고 마시고 배설하는 것은 물론 두 손으로 세수하고 두 발로 걷는 것도 내 힘이 아니라 모두 은혜임을 거듭 강조하는 모습에서 필자의 과거 치질 수술 경험이 떠올랐다. 수십 년간 괴롭혔던 치질과 깔끔하게 결별하고 삼사일 간의 회복기를 거친 뒤 첫 배변에 성공한 그 날, '있는 듯 없는 듯', 항문의 존재를 감지할 수 없었다. 놀라웠다. 지긋지긋했던 통증이 더는 느껴지지 않았다. 때마다 존재감을 강력하게 과시했던 항문이 조용해진 것이다.

그때 깨달았다. 몸의 은밀한 기능 그것이 곧 건강이라는 이치를. 14년 전, 십이지장궤양을 진단받을 당시 늘 속이 불편했었다. 음식을 먹어도 불편하고 공복에서도 속 쓰림은 계속됐다. 이후 약물 치료와 함께 생즙 복용을 꾸준히 이어간 덕에 사오 개월 뒤엔 속이 편해졌다. 음식을 먹어도 쓰리거나 불편하지 않았다. 소화기관이 조용해진 것이다.

사람은 위장 심장 등의 내부 장기들이 있는 듯 없는 듯할 때 건강하다. 몸이 편안하다는 건 몸의 수많은 부위와 장기가 존재감을 드러내지 않고 은밀하게 있다는 말이다. 그들이 존재감을 드러내면 아프기 시작한다. 어딘가 고장이 난 것이다. 수십 년 어마무시한 존재감을 과시했던 항문의 존재가 더는 느껴지지 않는 지금 내 배변은 너무 편하다. 사람들은 평소에 항문이 있는지 위장이 있는지 인지하지 못한다. 우리의 몸은 이렇게 은밀하게 자신의 기능을 수행한다. 있는지 없는지 몰라야 건강한 것이다.

몸의 부위와 장기들이 존재감이 없을 때가 건강하다는 인체의 원리는 자연의 원리와 통한다. 바람이 거칠게 존재감을 드러내면 태풍이 되고, 비가 자신의 존재감을 과시하면 폭우와 홍수로 돌변한다. 공기의 치명적 존재감을 요즘 우린 황사와 미세먼지 사태로 절감하고 있지 않은가. 인체도 자연도 은밀해야 건강하고 은밀해야 편안하다. 인체와 자연이 존재감을 드러내는 순간 건강은 파괴되고 자연은 괴물이 된다.

이○○ 목사님처럼 인품과 영성을 갖춘 분도 신체 부위가 존재감을 드러내기 전엔 소중함과 감사를 잊고 산다. 그만큼 인체는 은밀하다. 있는데 없는 것 같고 없는 것 같지만 엄연히 있다. 묵묵히 제 일을 잘해 주는 걸 고마워하지 않고 몸을 함부로 대하면 몸은 성이 나 존재감을 드러내게 되고 그제야 인간은 몸의 은밀함이 소중하다는 걸 깨닫는다. '건강'을 뜻하는 산스크리트어 '아로갸arogya'는 '파괴되지 않은', '파편화되지 않은'이란 의미로서 인체 내 세포와 장기들, 근육계와 신경계가 서로 잘 소통하는 상태를 말한다.

이에 반해 소통을 거부하고 자신의 존재감을 드러내는 게 암세포다. 암세포는 은밀성이라는 인체의 원리를 거역하고 자기 증식에 몰두한다. 존재감 없이 은밀하게 제 기능을 담당하는 일반 세포와 달리 이웃 세포와의 교류를 거부하고 자기 과시에 열중하는 암세포는 몸의 은밀성에 감사하지 못하고 몸을 화나게 한 욕망의 부메랑일지 모른다. 공생을 거부하고 자신의 이익과 가치관에 함몰된 채 철옹성을 쌓아 올리는 사람, 사고, 체제를 우린 암적 존재라고 하지 않는가. 불통불사不通不死. 암세포처럼 소통하지 않고 죽음을 모르는 존재는 천부의 은밀함과 배치된다. 앞의 글 "은밀 휴머니즘(1)"에서 언급됐듯이 '은밀 휴머니즘'은 신통神通, 즉 신과의 소통이며 신통한 사람이 신자神子이고 그 신자가 곧 신자信者다. 신통한 사람은 천부의 은밀하심을 닮은 은밀 휴머니스트다.

성막의 비핵화

천부, 곧 여호와의 은밀하심은 구약성서와 신약성서에 나타난 신의 거소에서 그 절정에 이른다. 구약에서는 성막(또는 성전)의 지성소가, 신약에서는 요한계시록 천상의 보좌가 여호와(천부)의 공식 거소다. 그런데 은밀하신 여호와께서 이스라엘 백성에게 내려 준 성막 설계도는 일견 그의 은밀하심과 거리가 있다. 설계도가 대단히 꼼꼼하고 상세하며 화려하기까지 하다(출애굽기 25장~27장 참조). 단순히 성막의 울타리 기능을 하는 외막外幕(일명 세마포장)을 만드는데도 외막 사방 각각의 길이와 기둥의 개수는 물론 기둥의 받침대와 갈고리, 가름대의 재료까지 세세하게 나열되어 있다(출애굽기 27:9~19). 성막의 본체격인 성소와 지성소는 물론이고 성막뜰의 번제단과 물두멍 등 성막 내 각종 기구의 모양과 크기, 재료에 대한 기록이 빼곡히 적혀 있다.

이뿐 아니라 제사장의 복장과 절기별 제사법 규례에 이르기까지 모든 것을 여호와의 지시대로 만들고 집례해야 한다

(23:14~15; 25:8~9). 이쯤 되면 은밀한 여호와가 아니라 치밀한 여호와라 해야 할 것 같다. 그런데 여기에 반전이 있다. 성막에서 가장 거룩한 곳, 신의 거소인 지성소에는 십계명 돌판과 만나, 그리고 아론의 지팡이가 담긴 법궤가 있는데 여호와의 형상이 없다. 법궤 위에 두 그룹(천사)이 날개를 맞대고 있을 뿐 여호와의 모습을 담은 그림이나 조각물, 기구는 지성소를 포함해서 성막 어디에도 없다. 핵심이 빠진 것이다.

이른바 '성막의 비핵화denuclearization' 다. 신들의 엄위하고 화려한 형상을 신전 곳곳에 새기거나 그려 넣는 이방 종교의 관습과는 대조적이다. 화가도 자기 초상화를 그리곤 하는데 여호와의 거소인 성막엔 핵심인 여호와의 모습은 없었다. 하나부터 열까지 여호와의 초정밀 설계도에 따라 제작된 성막이 역설적이게도 여호와의 은밀성이 가장 극적으로 구현된 현장인 것이다. 신의 설계대로 제작된 신의 거소에 정작 신의 형상은 없었다.

탈형상화와 비핵화의 의도

신의 거소가 함축하는 신의 은밀성은 요한계시록에서도 찾아볼 수 있다. 요한계시록 4~5장은 66권 성서를 통틀어 하늘의 보좌 및 보좌에 앉으신 이 곧 천부를 묘사한 유일하면서도 가장 내밀한 본문이다. 신 숭배의 성서적 모본이기도 한 본문의 기록을 자세히 들여다보면 '보좌에 앉으신 이' 곧 천부(여호와)에 관한 묘사는 "모양이 벽옥과 홍보석 같고"(3절), 단 4개 단어가 전부다. 이후에도 천부의 모습에 관한 기록은 등장하지 않는다. 보좌 외의 존재들(이십사 장로, 네 생물, 어린 양)의 모습을 상세히 기록

한 것과는 대조적이다(4:4, 6~8; 5:6). 게다가 3절의 4개 단어는
천부의 모습이나 형상을 직접 묘사한 것이 아니고 신의 거룩하심
과 정결을 상징하는 초간단 직유일 뿐이다. 만유의 경배를 받는
주인공에 대한 설명치곤 너무 빈약하다. 신의 은밀성을 견지하는
성서의 일관된 수사修辭로 볼 수 있는 대목이다. 이와 같이 천부
의 은밀성은 신의 형상화 금지 전승에서만 아니라 숭배 관련 묵
시 전승에서도 확인된다.

요한계시록 천상의 보좌(가상도)

나는 인애를 원하고 제사를 원치 아니하며 번제보다 하나님을
아는 것을 원하노라(호세아 6:6)

여호와는 제사를 원하지 않는다, 번제보다 하나님 아는 걸 더
원한다는 호세아의 선언은 무슨 의미인가? 제사와 제물 봉헌을

당장 중지하고 성전과 제사법을 철폐하라는 것인가? 성막과 성막 내 모든 기구와 기물의 초정밀 설계도를 직접 지시하고 제사장과 제물, 제사 규례를 총망라한 제의법전을 친히 제정한 신의 말씀이라는 게 믿기지 않는다. 선언에 담긴 여호와의 진의는 무엇일까? 초정밀 성막 설계도와 총망라 제의대법전은 신의 은밀하심에 어긋나 보이지만 비핵화된 성막은 오히려 신의 은밀성을 지지한다. 구약성서의 '신의 탈형상화'와 비핵화 성막 규례는 신을 형상화하여 숭배하고 독점하는 이방 종교와 구별된 여호와 종교의 요체를 함축한다. 그리고 여호와의 은밀성에 부합하지 않는 것처럼 보이는 성막과 제사법을 하달한 것은 그것들보다 우선하는 가치가 있음을 강조하기 위함이었다. 호세아는 그것이 '인애仁愛'와 '하나님 앎'이라고 선포했고 그 선포는 은밀한 신께서 초정밀 성막 설계도와 총망라 제사법을 내린 진짜 의도를 함의하고 있다.

이스라엘은 여호와를 이방 신들처럼 제물과 숭배를 좋아하는 신으로 여겼고 그 결과 제사법과 성막에 함축된 탈형상화와 비핵화의 비의秘義를 깨닫지 못했다. 이스라엘의 초대 왕 사울은 민족의 숙적 아말렉 족속을 진멸하는 큰 공로를 세우고도 버림받았다. 여호와의 말씀보다 제물에 주목했기 때문이다. 여호와의 선택을 받아 왕이 되고 여호와의 신에 붙들린 영적 체험까지 했지만(사무엘상 11:6) 사울은 여호와를 여호와로 알지 못했다. 그는 아말렉 족속의 육축들을 제물로 바치면 헤렘 명령 준수에 문제 될 게 없다고 판단했다. 그러나 여호와를 이방 신들처럼 간주한 사울의 행태는 우상 숭배와 다르지 않다는 게 성서의 증언이다(사무엘상 15:22~23). 제물보다 순종, 제사보다 인애를 좋아하는 여호와의 은밀하심을 깨닫지 못한 사울이 버림받은 이유이기도 하다. 신의 은밀하심에 부합하지 않으면 왕도 심판받는다.

은밀성 결핍의 현자

유교의 창시자 공자(BC 551~479)가 주나라 왕실도서관장으로 있던 노자를 찾아가 예禮에 관해 물었다. 노나라 황실의 사절단인 자신에게 예의 바른 응대를 기대했던 공자는 노자로부터 '군자는 큰 덕이 있더라도 용모는 어리석게 보이는 법이다' 라는 훈계와 함께 교기驕氣, 다욕多欲, 태색態色, 음지淫志를 버리라는 따끔한 충고를 들어야만 했다.* 당대 최고의 현자를 향한 노자의 고언苦言을 한마디로 요약하면 은밀하라는 뜻이다. "말하는 자는 알지 못하고 아는 자는 말하지 않는 법" 이라는 백거이白居易의 시 「노자」의 한 대목은 이런 의미일 게다. 임금이 있는지 없는지를 백성들이 알지 못하는 '무치 리더십' 이 태평성대의 원리임을 갈파한 노자에겐 현실 정치에 뛰어든 공자의 설레발이 눈에 거슬렸을 법하다.

군자의 도인 은밀함에 저촉되는 유가儒家의 행태는 장자의 촉에도 어김없이 걸려든다. 『장자莊子』의 "천지편天地編"을 보면 공자의 수제자 자공이 밭일하던 한 노인에게 말 한번 잘못했다가 치도곤당하는 장면이 있는데 자공이 공자의 제자임을 알게 된 노

---

*공자는 이상 국가 건설을 위한 보편적 가치로서의 인仁과 예禮를 천명했지만 노자는 보편적 가치 주장이 유발할 구분-배제-억압-군림의 폐단을 지적한 것이다.

인이 내뱉은 일갈은 정확하게 은밀성 결핍을 지적한다: "그자(공자)는 많이 아는 체하고 성인을 자처하고…… 천하에 명성을 팔고 다니는 자가 아닌가!" 중국 제자백가를 대표하고 오늘날까지 4대 성인으로 추앙받는 인물에 대한 평가가 너무 박하다고 볼 수도 있겠다. 하지만 위 제자백가 중 은밀 휴머니스트를 고르라면 필자는 공자보단 노자나 장자를 고를 것 같다. 우연의 일치인지는 모르겠지만 공자의 출생과 사망 연도는 역사적 기록으로 남아 있는 반면, 노자와 장자의 경우는 공식 기록이 없다. 출생 연도만 아니라 사망 연도까지 미상이라는 건 그들 존재와 삶의 은밀함을 함의하는 게 아닐까? 『노자』엔 노자가 없다는 지적은 그래서 음미할 만하다.

지금 이 시각에도 있는 듯 없는 듯 내 몸속 은밀 휴머니스트들은 존재감 없이 제 기능을 다하고 있다. 존재감 없음으로 타자에게 건강과 생명을 안겨 주는 인체와 자연의 은밀 메커니즘은 곱씹을수록 참 신통하지 않은가.

19. 은밀 휴머니즘3

노자가 갈파한 하늘의 성근 그물은
누구에게 구원의 망이며
누구에게 멸망의 망일까?

"효도 전화 할 거야?"

언니 남친의 입대 환송 파티 중 둘째가 예비 형부에게 넌지시 묻는다. "당근이지!" 듣고 있던 큰딸이 추임새를 넣는다. "효도 전화?" 훈련병들의 안부를 궁금해하는 가족들에게 제공되는 단 한 번의 전화 서비스란 예비 사위의 설명을 듣고 나니 두 딸의 대화에 끼어들지 않을 수 없게 됐다. "효도 전화는 당연히 부모님께 해야지." 그러자 둘째가 나지막이 중얼거린다. "이를 어쩌나. 그럼 언닌 거제로 가야 통화할 수 있겠네." 아빠 말대로 하려면 남친 목소릴 듣기 위해 서울에서 거제의 예비 시댁까지 내려가야 하는 거 아니냐는 비아냥이다. 대화의 주세가 2년 전 해군부사관으로 입대한 아들에게 돌려진 건 이 대목이다. 그 때도 효도 전화 서비스가 있었을 것이라는 딸들의 추정과 전활 받아 본 적 없는 내 기억이 오버랩되자 결론이 자명해진다: "이 녀석이 전화를 여친에게?" 효도 전화를 연애 전화로 오용한(?) 아들 녀석에 대한 때늦은 섭섭함까지 담아서 예비 사위에게 쐐기를 박았다. "자네는 부모님께 전화 드리거라. 부모 눈은 속일 수 있을지 몰라도 하나님은 못 속인다. 다 보고 계셔."

하늘의 성근 그물
대답을 못 하고 머뭇거리던 예비 사위에게 들려주고픈 선현의 가르침이 있다.

天網恢恢 疏而不失(천망회회 소이불실) _『노자』제73장 中

제자백가의 가르침이 예비 사위의 효도 전화를 보장할진 모르겠지만 '하늘의 그물은 성글게 보이지만 놓치지 않는다'는 노자의 통찰은 성서를 관류하는 신의 은밀한 성품을 정확히 짚어 내고 있어 흥미롭다.

> 은밀한 중에 보시는 네 아버지께서 갚으시리라(마태복음 6:6)
> 너희에게 있어야 할 것을 하나님 너희 아버지께서 아시느니라
> (8절)

　'다 보고'(전시全視) '다 아는'(전지全知) 신에게 무엇을 숨길 수 있을까? 위 마태복음 본문에 따르면 신의 전시 전지는 은밀함과 결합돼 있다. 다 알고 다 보는 신이 있는 듯 없는 듯하다. 보는 것 같지 않은데 다 보고, 아는 것 같지 않은데 다 아는 천부이시다, 그러니 숨기거나 속일 생각하지 마라……. 하늘의 그물이 성글지만 놓치지 않는다는 건 이런 뜻이 아니겠는가. 은밀한 존재 양식에 전시 전지의 능력이 합해지니 신 앞에서 가식과 눈가림은 통하지 않는다. 다 드러나고 다 가려진다. 천부께서는 은밀한 기도와 구제와 금식을 보상한다. 남이 보든 안 보든 한결같은 사람을 주목한다는 의미다.
　평생을 독신으로 살아온 백만장자 노인은 전 재산을 유일한 혈육인 조카에게 물려줄 생각을 하고 있었다. 평소 자신에게 잘하는 착한 조카이기 때문이다. 그런데 주변에서 들려오는 평판이 좋지 않았다. 고민하던 노인은 묘안을 짰다. 어느 추운 겨울날 아침, 노인은 거지 행색을 하고 조카의 집을 찾아가 문을 두드렸다.

문을 열고 나온 조카는 아침부터 재수 없다며 다짜고짜 욕을 하고는 당장 가지 않으면 경찰을 부르겠다고 소리쳤다. 그때 비로소 조카의 진짜 모습을 알게 된 노인은 불쌍한 노파를 문전 박대한 조카에게는 재산을 물려주지 않겠다고 결심한다. 거지와 자신을 동일시同一視한 노인의 잠행이 조카의 숨겨진 내면을 드러냈다.

최후 심판의 준거

동전에 양면이 있듯 천부의 성품에는 공의와 자비의 대비적 영역이 공존한다. 천부의 은밀한 성품은 보상의 근거(자비의 영역)이면서 동시에 심판의 근거(공의의 영역)가 된다. 과시적 행위자들, 곧 사람에게 보이고 인정받을 목적으로 행위하는 이들은 천부의 관심 밖이다. 관심 밖일 뿐 아니라 심판을 피하지 못한다. 반면, 사람의 인정이나 칭찬과 관계없이 선행을 하는 이들은 천부의 보상을 받는다. 영원한 형벌과 영원한 생명을 가리는 인류의 마지막 심판은 은밀함이 그 기준이다.

> 인자가 자기 영광으로 모든 천사와 함께 올 때에 자기 영광의
> 보좌에 앉으리니 모든 민족을 그 앞에 모으고 각각 분별하기를
> 목자가 양과 염소를 분별하는 것같이 하여 양은 그 오른편에,
> 염소는 왼편에 두리라(마태복음 25:31~33)

전 인류에 대한 종말론적 심판을 묘사한 일명 '최후 심판 이야기' 또는 '양과 염소 비유'(마태복음 25:31~46)는 심판 양상에 관한 명확하고 상세한 기술로 주목받는다. 심판의 대상은 '모

든 민족'이고 심판 결과는 영원한 형벌과 영원한 생명이다(32, 46절). 우주적 최종적 단회적 심판이라는 뜻이다. 심판자(예수)는 모든 민족 개개인을 양과 염소 측으로 구분한 뒤 판결문을 낭독한다. 흥미로운 건 영생을 받은 양들이나 영벌에 처해진 염소들이나 모두 판결에 수긍하지 못한다는 점이다. 판결문을 보면서 그 이유를 찾아보자.

「최후의 심판」 _ 미켈란젤로(Michelangelo Buonarroti, 1541년)

내 아버지께 복 받을 자들이여…… 내가 주릴 때에 너희가 먹을 것을 주었고…… 옥에 갇혔을 때에 와서 보았느니라(34~36절) 저주를 받은 자들아…… 내가 주릴 때에 너희가 먹을 것을 주지 아니하였고…… 옥에 갇혔을 때에 돌아보지 아니하였느니라(41~43절)

판결문에 따르면 심판자는 한때 궁핍(배고픔, 목마름, 헐벗음)과 곤경(무거처, 와병, 투옥)에 처했었는데 양들로부턴 도움을 받고 염소들로부턴 외면을 받았다며 판결을 내린다. 그런데 양들과 염소들 모두 심판자를 만난 적이 없다.

> 주여 우리가 어느 때에 주의 주리신 것을 보고 공궤하였으며…… 옥에 갇히신 것을 보고 가서 뵈었나이까(37~39절)
> 주여 우리가 어느 때에 주의 주리신 것이나…… 옥에 갇히신 것을 보고 공양치 아니하더이까(44절)

심판자를 만난 적이 없는데 그를 도왔다고 상을 주고 외면했다고 벌을 주니 양들이나 염소들이나 납득하기 어려운 건 마찬가지. 의아해하는 그들에게 명쾌한 답변이 주어진다.

> 너희가 여기 내 형제 중에 지극히 작은 자 하나에게 한 것이 곧 내게 한 것이니라(40절)
> 이 지극히 작은 자 하나에게 하지 아니한 것이 곧 내게 하지 아니한 것이니라(45절)

양들과 염소들은 심판자를 만났었다. 심판자 본인을 만난 게 아니라 심판자의 형제들을 통해 간접적으로 만났다. 위 답변은 우연히 심판자의 형제들을 도와준 것이 심판자 본인을 도와준 것이고 역시 우연히 만난 그들을 돕지 않고 외면한 것이 심판자를 외면한 것이란 뜻이다. 심판자와 동일시된 이들과의 조우에 근거한 판결, 이른바 '동일시 판결'이다.

동일시同一視 판결

'동일시 판결'은 구약성서에 이미 예고됐다.

> 가난한 사람을 학대하는 자는 그를 지으신 이를 멸시하는 자요
> (잠언 14:31)
> 가난한 자를 불쌍히 여기는 것은 여호와께 꾸이는 것이니 그
> 선행을 갚아 주시리라(잠언 19:17)

빈자에 대한 행위를 여호와에 대한 행위로 간주한다는 위 본문들은 구약 이스라엘 사회의 3대 소외층인 과부, 고아, 나그네 등 약자들의 복지를 위한 안전장치였다. 빈자에 대한 행위에 따라 여호와의 처분이 결정된다는 잠언의 경계는 신약성서 최후 심판론과 연결되고 있다. 부자 노인이 거지 행색 잠행을 통해 조카의 속마음을 판단할 수 있었듯이 인류의 종말을 가를 우주적 심판은 가난한 이들과의 은밀한 동일시를 통해 내려진다. 심판자와 동일시된 이들, 곧 심판 증인과의 우연한 만남은 심판 대상자들의 속모습을 드러냄으로써 판결의 근거를 확보하고 심판자의 동일시 잠행은 판결의 정당성을 확증한다. 동일시 잠행을 통해 심판자가 받은 대우를 근거로 내려진 심판은 그러므로 타당하다.

은밀함은 이렇게 인류 최후 심판을 관통한 주제다. 동일시 잠행을 통해 심판 대상자들을 영생행과 영벌행으로 구분하는 심판자는 은밀 캐릭터 소유자다. 영생행을 얻도 받은 양들 역시 은밀

캐릭터가 분명하다. 양들이 도와준 심판의 증인들이 다른 사람들(염소들)로부터 외면받았다는 건 그들은 도와줘도 실익이 없는 존재들인 걸 암시한다. 양들은 누가 알아주지 않아도, 어떤 보상도 바라지 않고 궁핍과 곤경에 처한 이들을 도왔다. 반대급부를 기대할 수 없는 이들을 조건 없이 도와준 건 오른손이 하는 일을 왼손이 모르게 한 바로 그 은밀한 선행이다(마태복음 6:3~4 참조). 양들이 은밀 휴머니스트임을 반증하는 대목이다. 심판자, 양들에 이어 심판의 증인들 역시 은밀하다. 영생과 영벌이 심판 증인들에 대한 행위로 판가름 난다는 점에 주목하는 이들에겐 증인들의 정체가 궁금하다. 이들이 누군지 알면 영생은 떼 놓은 당상 아닌가.

그런데 심판자로부터 형제로 불린 것 말고는 이들이 누구인지 가늠하기 어렵다. 크리스천이다, 헌신한 전도자들이다, 빈자들이다 등등 여러 견해가 있지만 모두 추정일 뿐 정작 본문은 침묵한다. "하늘에 계신 내 아버지의 뜻대로 하는 자가 내 형제요"(마태복음 12:50)라는 설명은 천부의 뜻대로 살아가는 심판자 형제들의 삶과 됨됨이를 말하는 것이지 이것이 그들의 구체적인 정체는 아니다. 이들이 크리스천 모두인지, 아니면 그중 일부 헌신적인 신자들 또는 가난한 신자들인지, 그것도 아니면 세상의 모든 가난한 사람들인지 본문은 특정하지 않는다. 심판 증인들의 은밀함은 결과적으로 이들에 대한 색출 및 고의적 선행을 통한 영생 획득이라는 불순한 책동들을 방지하는 신적 장치로 작동한다.

은밀한 심판자가 은밀한 심판 증인들과의 은밀한 동일시를 통해 영생과 영벌을 확정하는 최후의 심판은 그러므로 은밀 휴머니즘의 완결판이다. 사람들의 은밀한 행위가 심판자의 은밀한 대리자들을 통해 만천하에 공개되게 하는 천부의 은밀한 전시 전지는 그래서 어떤 이에겐 디딤돌이 되고 어떤 이에겐 걸림돌이 된다.

구호품 가득 실은 트럭을 복지시설 앞마당에 세워놓고 라면 상자와 쌀포대 전달 장면을 카메라에 담는 이들, 해마다 연말이면 1억 원짜리 수표가 담긴 흰 봉투를 자선냄비에 넣고 사라지는 이름 없는 시민. 노자가 갈파한 하늘의 성근 그물은 누구에게 구원의 망이며 누구에게 멸망의 망일까?

세상의 선은 역사적으로 거창하지 않은 행동들 덕분에 확장되기 때문이다. 당신이나 나나 더 나쁜 인생을 살았을 수도 있지만 그래도 그렇지 않았던 건 반은 드러나지 않은 삶을 충실하게 살아가다 지금은 사람이 찾지 않는 무덤에서 쉬고 있는 사람들 덕이다.

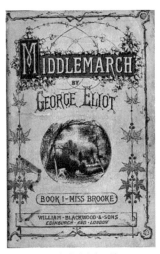

조지 엘리엇의 소설
『미들마치Middlemarch』

"사람들이 찾지 않는 무덤에서 쉬고 있는 사람들." 19세기 영국의 소설가 조지 엘리엇George Eliot은 그의 대표작 『미들마치Middlemarch』에서 세상은 사회적 역사적으로 유명한 인물보다 얼굴 없는 무명의 인민들에 의해 더 선한 세상이 된다고 역설한 바 있다. 살아서나 죽어서나 사람들의 주목을 받지 않는 은밀 휴머니스트들, 이들에 의해 세상은 선도善導되고 이들의 활약으로 인류 최후의 심판이 단행된다. 당신에게 하늘의 그물은 어떤 망인가?

20. 흥할 자, 쇠할 자

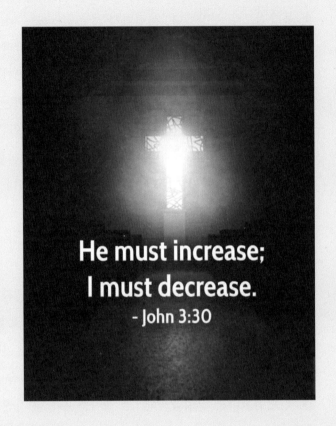

He must increase;
I must decrease.
- John 3:30

자신의 모습을 드러내지 않고
음악 속에 사라지는 사람,
그 사람이 고수다.

최근 한국 사회는 '자기 계발', '리더십', '성공학'(이하 '자.리.성') 전성시대다. 40여 년 전쯤 유명 외국 저자들의 책이 한두 권 번역되면서 관심을 끌더니 국내 저자들도 관련 책들을 앞다퉈 쏟아 내기 시작했고 이후 '자.리.성' 출판 시장은 가히 폭발적으로 성장했다. 서점마다 좋은 자리는 '자.리.성' 책들이 차지하고 매년 베스트셀러 집계에서 문학 서적들을 제치고 판매량 상위 10위권을 독식하다시피 한다. 최근까지도 해마다 수천 권의 관련 신간들이 기발한 제목과 톡톡 튀는 디자인으로 장식된 채 서가에서 독자들의 시선을 사로잡고 있다. 책뿐 아니라 '자.리.성' 관련 세미나, 강연, 학술대회를 비롯한 대학 강좌 개설에 이르기까지 오프라인에서의 열기도 뜨겁다. 바야흐로 '자.리.성' 열풍이다.

'자.리.성' 열풍

인터넷에서 '자.리.성' 관련 검색어를 치면 각 주제 관련 동영상과 글, 블로그, 카페 등이 수를 헤아릴 수 없을 정도로 많다. 하지만 '자.리.성' 관련 책을 읽다 보면 '그 책이 그 책'이라는 인상을 지우기 어렵다. 수많은 유사 주제들이 예화나 서술 기법만 바뀐 채 편집됐다는 느낌을 받는 건 필자뿐일까? 여기엔 출판사와 유통사들의 교묘한 상업 전략이 한몫을 한 측면이 있지만 현대인들의 조급증이 '자.리.성' 열풍의 진짜 이유라는 주장도 있다. 결핍은 시대의 화두라고 하지 않았나. 소통과 공감이 21세기 한국 사회에 가장 필요한 가치라는 진단은 소통과 공감이 가장 결핍됐다는 의미인 것처럼, '자.리.성' 열풍은 '자.리.성'의 결핍을 반증한다.

사람들은 '자기 계발 ⇒ 리더십 ⇒ 성공' 도식에 열중하지만 열중해도 잘 안되기에 위 도식을 이뤄낸 이들의 경험과 방법을 책으로라도 접하고 싶은 것이다. '회사에서 웃는 법', '가벼운 대화를 하는 법', '악수하는 법'에서부터 '유머의 기술', '업무의 기술', '신경 끄기의 기술', '아부의 기술'에 이르기까지 성공의 노하우를 빨리 얻길 원하는 갈망이 '자.리.성' 열풍의 배경이라는 지적이 설득력을 얻는다. '자.리.성'을 이루기까지 실제 주인공들이 감내한 고되고 아픈, 그리고 처절한 삶의 과정은 생략된 채 성공이란 결과만 주목하게 되는 건 아닌지 모르겠다.

Success……, 성공? 성취?

그렇다면 성서는 '자.리.성' 도식을 어떻게 말하고 있을까? 우선 소위 '성공학'의 개념부터 점검할 필요가 있다. 한자어 '성공'은 "목적하는 바를 이룸"이란 뜻인데 사전적 의미만 보면 '성취'와 크게 다르지 않지만 실제 용례에 있어 둘은 차이를 보인다. '소원 성취'를 '소원 성공'이라 하지 않고 '실패는 성공의 어머니'를 '실패는 성취의 어머니'라 하지 않는 것은 성공이 결과 지향적, 성취가 과정 지향적 용어라는 용례상의 구분을 가능하게 한다. 성공이라는 결과를 얻기 위해선 실패라는 과정이 필수적이라는 위 격언은 실패의 과정이 생략된 성공 내지는 성공학(또는 성공 추구)의 위험성을 역으로 경계한다고 할 수 있다.

영어 success를 흔히 '성공'으로 번역하지만 사실 success의 동사형 succeed는 sub(아래, 하위, 부副, 보補)와 ceed(go,

forward)의 합성어로서 '하위(또는 보조) 상태에서 가다' 란 의미다. 따라서 success는 본래 과정 지향적 단어로서 '성공' 보다는 '성취' 에 더 가깝다. 우리가 성공이라는 결과 지향적 단어로 이해해 온 success가 실제론 과정을 함의하는 단어였던 것이다. 결국 '성공학' 이 영어 success를 '성공' 으로 번역한 명칭이라면 과정 지향성이 '성공학' 의 본질이어야 하며 결국 success의 번역으로는 성취가 적합하다는 결론에 이른다.

성서적 성공

성공학이 과정 지향적이라는 위 결론을 토대로 '자.리.성' 도식에 관한 성서의 관점을 잘 보여 주는 사례를 보자. 그 사례의 주인공은 세례 요한이다.

그는 흥하여야 하겠고 나는 쇠하여야 하리라(요한복음 3:30)

제자들로부터 예수에 관해 보고를 받은 세례 요한이 제자들에게 한 말이다. 알려진 바와 같이 요한복음의 첫 장은 세례 요한의 눈에 비친 예수를 묘사한다. 1장 1절부터 18절은 세례 요한을 예수와 비교하면서 예수를 설명한다. 세례 요한은 빛이신 예수 그리스도를 증언하여 그를 믿게 하려고 보낸 자이지 그 빛이 아니다(1:6~8). 그는 예수보다 먼저 공생애를 시작했지만 예수는 그보다 먼저 계셨다(15절). 19절부터 34절은 요한의 목소리를 통해 예수가 신의 어린 양인 것과 신의 아들임을 증언하는 장면인데 여기서 세례 요한의 '셀프 디스'가 이채롭다.* 세례 요한의 소문을 듣고 그 비범함에 놀란 유대교 지도자들은 요한을 찾아와서 그의 정체를 캐묻는다. 메시아 여부를 확인하고픈 것이다.

방문자들의 의도를 간파한 요한은 자신이 메시아가 아님을 밝힌다(19~20절). 그러자 이번엔 엘리야인지를 묻는다. 아니라고 하자 모세가 예언한(신명기 18:15) '그 선지자'인지를 다시 묻는다. 요한은 이번에도 아니라고 답한다. 세 번의 질문과 세 번의 부인. 유대교 지도자들 앞에서 자신의 존재감을 확인시켜 변방의 떠돌이에서 일약 유대 주류 사회의 지도자로 급부상할 수 있는 절호의 기회이지만 요한은 관심이 없는 듯 셀프 디스로 일관한다. 그리고 자신은 메시아의 신발 끈을 풀기에도 미력한 존재임을 언명함으로써(27절) 자신을 둘러싼 일말의 기대조차 잠재워버린다.

---

*본래 '셀프 디스'는 웃음 유발용 소재이지만 세례 요한의 그것은 믿음 유발용이다.

그는 흥하고 나는 쇠하리라 _ 바티칸박물관 천장화, 도메니코 잠피에리(Domenico Zampieri, 17C)

세례 요한의 성공학

세례 요한의 처신은 현대 사회의 '자.리.성' 트렌드에 역행한다.
성공학 제1계명은 출세의 기회를 잘 포착하고 놓치지 않는 것인
데 그는 찾아온 기회를 스스로 차 버린다. 그뿐 아니다. 성공학 제
2계명이 자기 세력 구축일 텐데 세례 요한은 제자들 앞에서 예수
를 한껏 치켜세운다(36절). 그 결과 두 명의 제자들이 이탈하여
예수의 캠프에 합류하게 되는데(37절) 그중 한 명이 베드로의 형
제 안드레다(40절). 안드레의 전도로 베드로마저 합류하면서 예
수의 공동체는 점차 그 수가 늘어 갔고(41~45절) 이후 요한의 캠
프 내에선 갈등의 조짐이 보이기 시작한다. 원조 세례 공동체인
요한의 캠프와 멀리 떨어지지 않은 곳에서 예수의 제자들이 세례
를 베풀자(4:1~2) 사람들이 그리로 몰리게 되었고, 신흥 세례 공

동체의 세勢 확산을 우려한 요한의 제자들은 스승에게 문제를 제기하기에 이른다(3:22~26). 스승에게서 세례받은 자의 세력화를 달갑지 않게 여긴 제자들의 하소연을 들은 세례 요한은 도리어 나무라듯 제자들에게 경계한다.

> 만일 하늘에서 주신 바 아니면 사람이 아무것도 받을 수 없느니라 나의 말한바 나는 그리스도가 아니요 그의 앞에 보내심을 받은 자라고 한 것을 증거할 자는 너희니라(28절)

자신은 그리스도가 아니고 그리스도의 길을 준비할 자임을 재차 강조하면서 요한은 제자들 역시 이 사명을 계승succeed해야 할 것을 언명한다. 메인이 아닌 보조로서의 사명 말이다. 자신은 신랑이 아니며 신부를 맞이하는 신랑을 지켜보는 신랑 친구로서의 기쁨만으로 충분하다는 요한의 셀프 디스는 자신을 몰락할 자로 규정한 고백에서 절정에 이른다: "그는 흥하여야 하겠고 나는 쇠하여야 하리라." 예상치 못한 스승의 '자기 몰락' 고백을 들은 제자들의 표정이 어떠했을까? 후발 주자에게 지지자들을 빼앗기지 않고 추월당하지 않도록 문단속과 세 확장에 박차를 가하라는 독려와 확실한 비전 제시를 기대했던 그들에겐 실로 어처구니없는 상황이 아닐 수 없다. 이후 세례 요한과 그의 공동체는 복음서의 무대에서 사라지고, 예수와 그의 사역은 사마리아 수가성 주민들의 그리스도 고백 사건(4:27~42)을 계기로 본궤도에 오른다.

세간의 '자.리.성' 관점에서 보면 세례 요한은 실패자일지 모른다. 출세의 기회를 스스로 차 버리고 자기 세력 구축에 무심하니 이 시대가 요구하는 성공과는 동떨어진 리더십이다. 하지만 앞에서 살펴본 success의 원의原義에 비추어 볼 때 세례 요한은 정확히 success를 이루었다. 그는 예수보다 먼저 출생했고 공생애도 먼저 시작했지만 그의 생애와 사역은 예수의 그것을 위한 보조였다. 그는 보조에 충실했고 또 만족했다. 요한은 주인공이 아니었고 또 주인공이길 거부했다. 그는 주인공(예수, 신랑)의 보조로서 자신에게 주어진 길을 중단 없이 완주한 진정한 successor(계승자)다. 세례 요한은 그렇게 그리스도를 succeed 했다.

자기 몰락 리더십

남을 흥하게 하기 위해 내가 쇠하는 삶, 이것이 세례 요한의 성공 스토리이며 성서적 리더십이다. 흔히 리더, 지도자 하면 돌격 대장을 떠올리곤 한다. 군대의 맨 앞에 서서 "돌격 앞으로!"를 외치는 용장, 기발한 아이디어와 저돌적인 추진력으로 황무지에서 굴지의 기업을 일으킨 CEO, 절대 열세의 선거 판세를 불굴의 의지로 역전시켜 기필코 당선 티켓을 거머쥔 정객, 그리고 복음의 불모지에서 필사즉생의 각오와 믿음으로 교회를 성장시킨 목사에 이르기까지 불가능을 가능하게 한 선봉장들을 우린 지도자라 부른다. 그리고 그들이 이뤄낸 결과물들은 성공학 교재의 단골 사례다. 세례 요한이 보여 준 지도자상은 그러나 앞의 선봉장들과는 궤를 달리한다. 발 앞에 굴러온 출세의 기회를 차 버리고 세 규합에 무관심한 요한의 리더십은 성공학 교과서에서는 찾아볼 수 없다. 대의大義를 위해 쇠락의 길을 자초하는 세례 요한은

'자.리.성' 열풍이 추구하는 지도자상과는 거리가 멀다.

　　자신의 모습을 드러내지 않고 음악 속에 사라지는 사람, 그 사
　람이 누구보다 고수인 연주자다.

　　탱고의 레전드 아스
트로 피아졸라, 20세기
미국 최고의 작곡가 아
론 코플랜드, 지휘의 거
장 레너드 번스타인, 세
계적인 바이올리니스
트 예후디 메뉴인, 영국
의 지휘자 존 엘리엇 가
디너, 프랑스의 작곡가

이자 피아니스트 마르셀 풀랑크 외에도 전 세계 수많은 음악가
를 길러낸 음악가의 음악가, 20세기 음악의 여제 나디아 불랑제
Nadia Boulanger의 말이다. 런던로열필, 뉴욕필, 보스턴필의 최
초 여성 지휘자라는 화려한 경력보다 더 불랑제를 위대하게 하는
건 교육가로서의 면모다. 스승의 스타일이 제자에게 투영되어 스
승의 그림자가 될 수밖에 없는 도제식 교육과 달리 불랑제는 스
승이 제자의 그림자가 되어 제자가 보이게 하는 일명 '그림자 교
육'의 대가였다. 지휘자, 작곡가, 연주가 등 다양한 영역의 전공
자들이 그녀를 사사했다는 건 제자 자신의 음악을 하도록 이끄는
그녀의 탁월한 지도력을 방증한다. 스승은 숨고 제자를 부각하는

불랑제의 교육 철학은 세례 요한의 '자기 몰락' 리더십과 맞닿아
있다.

스승이지만 제자의 보조로 살아간 이들은 진정한 successor다.
산업화와 고도성장, 경쟁 사회를 거치며 실적과 성적 등 결과물
에 주목해 온 한국 사회는 이제 '자.리.성' 열풍을 뒤로하고 성서
의 리더십에 귀 기울여야 하지 않을까?

1600년이 넘는 정경의 역사에서 PA는
무려 천 년 이상의 세월을 정경 밖에서 표류했다.

신구약성서에서 가장 많이 알려진 본문은 무엇일까? 창세기의 아담과 하와 이야기일까, 복음서의 십자가 사건 관련 본문일까. 비기독교인들이 가장 많이 알고 있는 성서 구절은 무엇일까? 네 시작은 미약하나 네 나중은 창대하리라(욥기 8:7)? 오른손이 하는 일을 왼손이 모르게 하라(마태복음 6:3)? 학자들은 교회 역사상 가장 많이 읽힌 본문으로 요한복음의 '간음한 여인 이야기The Pericope of Adulteress' (7:53~8:11, 이하 PA)를 꼽는 데 주저하지 않는다. 교회는 물론이고 교회 밖 세속 사회에 가장 널리 알려진 성구가 PA의 저 유명한 구절 "너희 중에 죄 없는 자가 돌로 치라" (7절)이라는 데 이의를 제기할 사람 역시 많지 않을 것이다.*

표류하는 본문

이와 같이 성속聖俗을 통틀어 최고의 인기를 구가하는 PA가, 그런데 성서 본문 중 가장 큰 논란거리라는 사실은 아이러니다. PA에는 '표류하는 본문floating text' 또는 '표류하는 전승floating tradition' 이란 별칭이 있다. PA의 진정성, 즉 정경으로서의 지위

---

*종교적으로는 신의 은총을 가장 극적으로 함축하고 세속의 관점에서는 무분별한 비난과 단죄로 인한 사회적 갈등을 치유하는 금언으로서의 PA의 기능과 가치가 돋보이기에 그렇다.

를 의심받고 있기 때문이다. 1,600년이 넘는 신구약성서 정경의 역사에서 PA는 무려 천 년이 넘는 세월을 정경 밖에서 표류했다. 고대 사본 필사자들은 PA를 필사하지 않았고 2~3세기 초기 교회 교부들의 저작에서 PA는 언급되지 않았다. 1516년 에라스무스의 그리스어 신약성서에 PA가 수록된 이후로 정경의 목록에 포함된 것은 오류이므로 PA를 정경에서 삭제해야 한다는 학계의 주장이 현재까지 이어지고 있다. 정경에 이름을 올린 후에도 많은 주석가가 PA를 주석하지 않거나 추기 또는 부록에서 간단히 언급하고 끝낸다. PA는 사도 요한의 저작이 아니며, 따라서 역사적 예수의 사건으로 볼 수 없다는 게 'PA 왕따'의 결론이다.

PA는 그러나 배척만 당하진 않았다. 4~5세기의 사본들에 PA가 수록되었고 이 시기에 활동한 여러 교부의 저작에 PA가 등장한다. 현대 성서학자 가운데 PA의 역사성과 진정성을 인정하는 이들은 PA에 대한 따돌림의 부당성을 지적하고 정경으로서의 PA의 지위 회복을 강조했다.

> 요한복음 본문에서 축출돼야 한다는 학계의 강력한 공론에도 불구하고 PA 고유의 능력과 명확한 '진리의 환ring of truth'은 손상되지 않았다. (중략) PA는 그의 진정성과 신적 권위에 대한 깊은 신뢰를 갖는 이들에게 심원한 영적 유익을 선사할 것이다.

핫지스Z. C. Hodges는 PA의 굴곡진 운명을, 그리고 그 운명보다 탁월한 PA의 가치를 이렇게 평가했다. 정경의 역사에서 유례를 찾기 어려운 따돌림과 표류 속에서도 PA가 살아남게 된 이유를 보여 주는 대목이기도 하다. PA에 대한 교회의 따돌림은 PA가 정경으로 편입되고 500여 년이 지났지만 아직도 중단되지 않고 있다. 성속의 최애 본문은 왜, 이렇게, 언제까지 표류해야 하는가? 'PA 왕따'의 원인을 규명하기 위해 먼저 주목할 점이 있다. 앞에서 살펴본 바대로 PA는 거의 4세기까지 교회와 필사자들로부터 외면을 받다가 5세기에 들어서 점차 수용되기 시작했다. 무슨 이유에서 교회는 외면했던 PA를 받아들이게 된 것일까?

왕따의 이유

학자들은 그 이유가 PA의 윤리적 문제에 있다고 본다: "여인의 간음이 묵인되는 본문은 신자들의 윤리적 완성을 중시하는 초기 교회의 보수적 신앙관과 충돌한다."(G. M. Burge); "간음에 관한 예수의 관대한 인식을 보도하는 본문은 1~2세기 초기 교회의 신앙 및 가부장적 가치관과 배치되어 필사자들이 이를 누락했다."(A. T. Lincoln); "초기 교회는 여성의 간음죄에 관대한 PA의 윤리적 급진성과 비非 가부장적 사상을 완화할 수밖에 없었다."(E. E. Green); "초기 교회 내 참회와 훈육 체계가 자리 잡을 때까지 PA는 감춰져야 했다."(C. Keith); "여성의 성 윤리 해이에 관한 가부장적 사회의 우려가 PA의 정경화 과정 및 해석에 영향을 미쳤다."(G. R. O' Day). PA가 여성의 간음죄에 대해 관대한 것이 'PA 왕따'의 이유였다는 게 학자들의 분석이다.

'PA 왕따'가 교회의 윤리적 방어 논리 때문이라는 이러한 주장은 교부 어거스틴A. Augustine에게서도 확인된다. 간음에 대한 PA의 관대한 교훈이 기독교 윤리 체계 구축에 저해 요소로 인식되어 초기 교회에 의해 정경에서 배제된 것이라는 게 어거스틴의 견해다. PA로 인해 각 가정의 아내들이 간음에 대한 죄의식을 갖지 않게 될 것을 교회 지도자들이 우려하여 복음서 전승으로서의 PA의 자격을 박탈했다는 것이다. 급기야 어거스틴은 PA의 교훈에 따라 남편들이 범죄한 아내들을 정죄하지 말고 받아들일 것을 교회에 권고하기까지 했다.

PA에 대한 초기 교회의 거부감이 간음죄에 대한 윤리적 인식에서 비롯됐다는 학자들의 설명은 4세기 말 이후부터 PA가 수용되기 시작한 배경을 추정할 수 있게 한다. 초기 교회 형성기(1~3세기) 윤리적 방호 체계 구축이 급선무였던 교회에게 PA는 껄끄러운 본문이었다. 그러나 박해가 끝나고 로마의 국교화 이후 융성기에 접어들어 교회의 엄격한 윤리적 입장이 점차 완화되면서 서방교회를 중심으로 PA를 수용하기에 이르렀다는 게 학계의 중론이다.* 결과적으로 초기 교회에서 현대에 이르는 'PA 왕따'의 길고 긴 흑역사는 본문에 나타난 윤리적 문제, 즉 간음죄에 대한 관대함에 그 원인이 있었다. 간음을 저지른 여인을 방면한 예수의 관대함이 교회의 윤리 체계 형성에 장애물이 될 것을 우려해 PA를 배제했거나 또는 수록한 경우에도 별도의 표시를 달아 PA의 진정성과 정경성에 의혹의 꼬리표를 떼지 않았던 것이다.

예수는 간음죄를 방치했나?

이쯤에서 의문 하나: '그렇다면 PA는 정말 간음에 대해 관대한 것일까?' PA의 예수는, 어거스틴의 주장과 같이, 간음한 아내를 받아들이라고 남편들에게 족구하는가? 교회의 'PA 왕따'가 윤리적 문제 때문이라지만 본문을 아무리 봐도 예수가 여인의 간음죄를 용서했다거나 방치했다는 기록은 없다. 사람들은 대게 "나도 너를 정죄하지 아니하노니"(11절)라는 예수의 말을 근거로 용서라는 주제에 천착하곤 한다. 그런데 11절은 정죄하지 않음, 즉 '몰沒정죄 선언'이지 용서 선언이 아니다. 몰정죄와 용서는 같을 수 없다. 몰정죄가 검사의 기소 포기와 같다면 용서는 법정에서 판사의 방면에 해당한다. 방면은 이미 기소된 피고인에 대한 무죄 선언과 같은 것이므로 예수의 몰정죄 선언은 기소 포기이지 방면을 함의하는 용서가 아니다.

본문에서 여인은 이미 기소, 곧 정죄를 당했다. 잡혀 온 여인

---

*B. Lindars, A. M. Hunter, J. M. C. Scott, C. K. Barrett, J. H. Bernard, R. H. Lightfoot, R. E. Brown

의 처리 방법을 놓고 유대교 지도자들이 대답을 종용할 때 줄곧 침묵하던 예수는 "너희 중에 죄 없는 자가 먼저 돌로 치라"(7절)고 말한다. 그냥 '돌로 치라' 하면 메시아의 체면에 손상을 입을 것이고 '돌로 치지 마라' 하면 유대인의 법을 어기게 될 게 뻔한 상황. 진퇴양난이다. 그런데 7절의 형 집행 명령이 국면을 일거에 바꿔 놓는다. 분명히 돌로 치라 했는데 성난 군중들은 슬슬 뒤꽁무닐 빼더니 도망치듯 가 버린다. "죄 없는 자가~"라는 단서가 주효한 것일까. '죄 있는 자는 죄인을 정죄할 수 없다'는 메시아 구원론의 테제를 함의하는 이 단서가 군중들로 하여금 아담의 원죄로 인한 내면의 죄성을 상기시켜 정죄의 돌을 거두게 한 것일까. 어쨌든 예수는 돌로 치라 했으니 율법을 지킨 것이고 고소자들이 스스로 정죄를 중단해서 여인이 살았으니 결과적으로 구원자의 면모가 유감없이 발휘됐다.

예수의 형 집행 명령은 여인을 살렸고 동시에 간음죄 처벌의 정당성을 언명했다. 간음한 여인을 향한 유대교 지도자들의 고소(정죄)에 찬동하는 형 집행 명령은 율법의 간음죄 규정을 존중하는 예수의 입장을 명확히 보여 준다. 예수 자신이 직접 여인을 고소하지 않았으므로 11절은 몰정죄 선언이 맞고, 처벌에 찬성했으니 7절의 형 집행 명령은 용서와는 거리가 멀다. 예수는 여인을 향한 유대인들의 정죄에 침묵했고 처벌 종용엔 찬동으로 답했다. '죄 없는 자가'라는 단서의 신묘한 위력 앞에 무리가 스스로 처벌을 포기한 것이지 예수가 신통력을 발휘해서 처벌을 무위로 만든 게 아니다.

PA를 둘러싼 오해들

PA는 억울하다. 여인의 간음죄를 용서하는 장면이나 언급이 PA
엔 없다. PA의 서사 어디에서도 간음을 용인하거나 방관하는 윤
리적 방임의 흔적은 찾아볼 수 없다. 오히려 구약의 율례(신명
기 22:22~24; 13:9; 17:5~7)에 따라 돌로 치라고 하지 않았나. 그
런데도 사람들은 윤리적 이유를 내세워 PA를 정경에서 배제했
다. 어렵게 정경에 녹명된 후에도 PA는 불경스런 본문으로 치부
돼 아직도 도태의 위기에 처해 있다. '확증 편향', 즉 죄 용서를
은혜로 믿고픈 신앙적 편향성 때문인가. 초기 교회부터 현재까지
은혜를 죄 용서의 틀 속에서 줄곧 이해해 온 이들*에게 PA 사건
은 간음죄까지 용서하는 반율법적 은혜를 옹호하는 본문으로 찍
혀서(?) 따돌림당했다고 볼 수 있다. 그러면 PA에서 여인의 간음
죄는 용서된 것이 맞나?

혹자들은 PA의 몰정죄 선언이 공관복음[중풍병자 치유 기사
(마태복음 9:1~6; 마가복음 2:1~10; 누가복음 5:17~24), 향유 기
사(누가복음 7:36~50)]에 기록된 예수의 속죄 선언과 같은 '조건
없는 속죄권'을 의미한다고 주장한다.** 예수의 발에 향유를 부
은 여자에게 주어진 속죄 선언(누가복음 7:48)과 PA의 몰정죄 선
언이 같은 유형이라는 것이다. 이러한 주장은 그러나 다음의 이
유를 볼 때 설득력이 떨어진다. 공관복음 속죄 선언의 경우 속죄

---

*B. D. Ehrman, Z. C. Hodges, J. M. Boice, A. W. Pink, A. T. Lincoln, F. E. Gaebelen, R.
  Kysar 등

*Beasley-Murray, D. A. Carson, F. L. Godet, F. J. Moloney

선포 대상자들의 믿음 또는 회개를 근거로 주어지는 데 반해, PA 에서는 여인의 회개나 믿음 고백이 나타나지 않은 상태에서 몰정죄 선언이 내려진다. 눈물 흘림, 무릎 꿇음, 엎드림 등 참회의 표징이나 믿음의 고백이 없는 상황에서 주어진 몰정죄 선언은 공관복음의 속죄 선언과 같을 수 없다.

PA를 간음죄 용서라는 관점으로 보는 이들에게는 '은혜=죄용서'라는 인식의 틀이 고착화되어 간음죄를 용서하는 뉘앙스의 PA를 역사적 예수의 사건으로 볼 수 없었을 테고 이 때문에 초기 교회는 PA를 율법폐기론자들의 창작물로 간주해 배척한 것으로 추정된다. 그러나 은혜를 '죄 용서'로 이해하는 건 성서의 관점이 아니다. 신구약성서에서는 죄를 용서한다는 개념은 없다. 성서는 '죄 심판'을 명시한다. 구약의 제의법祭儀法이나 신약의 십자가 사건은 죄에 대한 형벌을 육축 또는 예수 그리스도가 대신 담당함으로써 죄를 향한 심판이 내려지고 동시에 죄인에 대한 용서가 성취된다는 대속代贖의 원리를 담고 있다. 대속, 즉 죄의 형벌을 제물이 대신 받는다는 건 죄에 대한 심판이 완결됐음을 의미한다. 그러므로 '죄 용서'는 성서의 속죄론이 아니다.

메시아 구원의 요체

성서가 말하는 용서의 대상은 죄가 아니라 죄인이다. 죄는 심판의 대상이지 결코 용서의 대상일 수 없다는 게 성서의 일관된 원칙이다. 죄인에 대한 신의 사랑은 곧 죄에 대한 심판을 의미하고 대속의 은혜는 죄의 의인義認이 아니라 죄인의 의인을 의미한다는 본회퍼D. Bonhoeffer의 지적은 그러므로 PA를 '죄 용서'라는 도그마의 틀 속에 집어넣고 왕따시킨 제도권 기독교의 확증 편향성을 향한 준엄한 꾸지람으로 들린다. 예수의 몰정죄 선언은 속죄 선언도 정죄 포기도 아니다. 형 집행 명령에서 예수는 이미 간음죄에 대한 율법의 정죄에 찬성했다. 몰정죄 선언은 정죄가 아닌 구원을 위해 세상에 온 예수의 정체성과 사역의 본질을 천명한다. PA에서 간음죄에 대한 율법의 정죄는 명확히 내려졌다. PA의 형 집행 명령은 죄를 심판하고 죄인을 구원하는 신묘한 메시아 구원의 요체였다.

교회가 그리스도의 신부라면 이제라도 PA 왕따를 끝내고 신랑이 준 진리의 환을 자신의 왼손 약지에 끼어야 하지 않을까?

22. 의문투성이 PA

예수는 땅에 손가락으로
무엇을 썼을까,
왜 썼을까,
왜 오래 썼을까?

앞의 글 "왕따당하는 PA"에서 'PA 왕따'의 실체와 원인이 규명됐다. 그리스도의 은혜를 '죄 용서'의 관점으로 이해한 초기 교회에게 PA[The Pericope of Adulteress (간음한 여인 이야기), 요한복음 7:53~8:11]는 율법이 엄벌하는 간음죄를 용서 내지는 방관하는 본문으로 비쳤다. 그것은 그리스도의 은혜일 수 없다는 교회의 교리적 윤리적 신념 때문에 PA는 1,600여 년의 길고 긴 험로를 표류해 왔다. '죄 용서'는 성서와 무관한 도그마적 오류이거나 개념상의 혼동이다. 성서의 대속론代贖論 또는 속죄론贖罪論의 요체는 '죄 심판' 및 '죄인 구원'이다. 죄는 심판, 처벌의 대상이지 용서의 대상일 수 없다는 게 신구약성서의 일관된 가르침이다. 대속, 속죄, 구속 등의 '속贖'은 제물을 전제한다. 죗값을 제물이 대신 받고 죽어 죄인이 구원받는 대속론, 속죄론엔 '죄 용서'라는 개념은 성립될 수 없다. 요한복음의 PA는 죄를 심판하고 죄인을 구원하는 메시아 대속 은총이 구현된 사건이다.

메시아의 딴짓

PA가 간음죄에 대해 관대하다는 의혹은 전편 칼럼에서 해소됐지만 아직도 PA의 서사에는 몇 가지 의문이 남는다. 우선 예수와 유대교 무리의 대치 장면이 좀 이상하다. 여인을 잡아 온 무리가 여인의 처분 방안을 예수에게 묻지만 예수는 즉답을 피한 채 손가락으로 땅바닥에 무언가를 끼적거리며 딴청(?)을 한다. '돌로 치라' 하면 메시아의 체면이 서지 않고 '치지 마라' 하면 율법을 거역하는 게 되니 대답하기 곤란해서일까, 예수의 딴짓이 길어진다.

예수께서 몸을 굽히사 손가락으로 땅에 쓰시니 저희가 묻기를
마지아니하는지라(요한복음 8:6~7)

　이 장면을 놓고 사람들은 예수께서 땅바닥에 '무엇을 썼을까'
라고 질문하곤 여러 가지 추측성 해석을 내놓는다. 하지만 본문
은 이에 대해 침묵한다. 또 예수의 지면地面 낙서 행위가 신을 떠
난 백성들이 흙에 기록될 것이라는 구약의 예언(예레미아 17:13)
을 의식한 행동이라든지, 돌판에 친히 손가락으로 계명을 쓰신
신의 행위를 상징한다는지(출애굽기 24:12; 31:18), 또는 서기관,
바리새인들의 계략에 휘말리지 않겠다는 침묵의 저항이라는 견
해들도 있다. 이러한 해석과 주장들은 그러나 본문에서 근거를

얻지 못할 뿐 아니라 본문의 서사를 이해하는 데 도움이 되지 못한다. 본문이 가는 데까지 가고 본문이 말하는 데까지 말하는 게 성서학도의 본분임을 칼빈이 일갈한 바 있으니 우리의 질문을 바꾸는 게 좋겠다: '왜 썼을까?' 흥분한 군중들이 여인을 향해 돌을 금방이라도 내려칠 것 같은 긴박한 현장에서 예수의 지면 낙서 장면은 낙서의 내용에 관한 질문을 낙서 행위의 함의에 관한 질문으로 치환한다. '이런 상황에서 한가롭게 낙서를? 유대교 지도자들의 간계를 물리칠 방안이 떠오르지 않아서? 준비된 메시아가 설마 답을 찾지 못해 시간을 끌었을까?'.

질문을 바꾸고 본문을 들여다보니 "저희가 묻기를 마지아니하는지라" 란 대목이 눈에 들어온다. "마지아니하는지라" 는 그리스어 '에피메노ἐπιμένω'의 번역으로서 '계속하다continue, keep on'란 뜻이다. 무리가 예수에게 계속 물었다는 말이다. 그렇다면 무리가 대답을 추궁하고 예수의 지면 낙서가 이어지는 대치 상황은 과연 얼마나 지속됐을까. 5분? 10분? 흥미로운 건 4개 복음서에서 오직 이곳에만 사용된 '에피메노'의 다른 용례를 보니* 보통 수일 동안의 기간을 의미했다. PA의 정황이 하루에 벌어진 사건이라는 점을 감안하면 무리와 예수의 대치 상황은 상당 시간 지속됐을 것이란 추측이 가능하다. 그렇다면 이쯤에서 '왜 썼을까' 란 질문은 '왜 오래 썼을까' 로 다시 바뀐다.

---

*사도행전 10:48; 21:4, 10; 28:12, 14; 갈라디아서 1:18

긴 침묵의 의미

추궁과 지면 낙서가 상당 시간 이어졌다는 건 예수의 침묵과 낙서 행위가 다분히 의도적이라는 걸 추정할 수 있게 한다. 시간을 끌기 위한 행동이란 말이다. 그런데 앞에서 말했듯이 지금은 일촉즉발의 상황이다. 무리 중 한 사람이 분노를 못 참고 돌을 던진다면 군중심리에 따라 너도나도 던질지 모른다. 간음 현장에서 뭇 사내들 손에 붙들려 수치스러운 몰골로 끌려온 여인은 돌팔매질 당할 극한의 공포에 떨고 있을 게 뻔하다. 그렇다면 예수의 긴 침묵은 너무 잔인하지 않은가. 분노의 짱돌을 거두게 하는 영험한 설파(너희 중에 죄 없는 자가 먼저 돌로 치라)를 빨리 결행해서 여인의 공포와 수치를 속히 끝내 줬어야 하지 않았겠냐는 항의성 의문이 제기될 수 있다. 그런데 이런 문제 제기는 역으로 예수의 이상한 행동에는 어떤 숨겨진 의도가 있지 않겠냐는 추정으로 이어질 수 있다. 그렇지 않다면 예수의 길고 긴 지면 낙서는 답을 알고 있는 자의 오만함이란 비난을 피하기 어렵다.

잔인이나 오만이 아니라 숨겨진 의도 쪽으로 무게 추를 둘 수 있는 중요한 단서가 있다. 예수의 긴 침묵이 가능했던 이유, 다시 말해서 예수의 딴짓에도 군중들이 돌팔매질하지 않은, 아니 할 수 없었던 이유가 그것이다. 애초에 유대교 지도자들은 무리를 동원해서 간음한 여인을 이용해 예수를 궁지에 빠뜨릴 계략이었다. 그들은 형 집행에 동의할 수도 없고 안 할 수도 없는 사면초가의 상황에 몰린 예수에게서 대답이 필요했다. 그러므로 예스냐 노냐, 대답이 나오기 전엔 돌을 던질 수 없었다. 또한 당시 로마제국의 지배를 받는 나라의 사형 집행은 로마 정부의 허가가 있어야만 가능했다. 이러한 상황을 간파했던 예수는 한가로이(?) 낙서를 즐길 수 있었다.

자신들의 계략을 성공시키려면 예수의 대답을 기다려야 하는 고소자들. 그렇다면 이런 상황을 이용해 딴짓을 즐기는 예수의 진짜 의도는 무엇일까? PA의 서사를 다시 들여다보자. 간음을 범한 여인을 향해 고소자들의 정죄가 쏟아진다. 여인은 공포에 떨고 있다. 그들의 계책을 간파한 예수는 지면 낙서를 즐기고 있다. 그렇게 시간이 흐르면서 군중들의 고함과 추궁은 더욱 거세지고 여인의 두려움과 수치심은 극대화된다. 마침 그날은 초막절이고 사건의 장소는 예루살렘성전이다. 명절을 맞아 이스라엘 전역에서 성전을 찾아온 사람들로 붐볐을 그때 그곳을 PA 사건이 관통한다. 무리의 고함, 행인들의 웅성거림과 야유, 그리고 여인의 고통스러운 흐느낌 속에 예수의 침묵이 계속되면서 그때 그곳을 찾은 수많은 이가 이 소동을 목격한다. 여인의 죄는 삽시간에 알려져 예루살렘성전 안에 있던 사람들이 그녀의 존재와 간음 행위를 인지하게 됐을 것이다.

이제 여인은 꼼짝없이 죽게 됐다. 그녀의 존재와 간음죄가 예루살렘은 물론이고 유대 지역을 비롯해 이스라엘 전역에 알려질 것이다. 죄는 드러났고 죄인은 율법에 따라 처벌돼야 한다. 서사적 플롯의 관점에서 예수의 침묵과 지면 낙서는 결과적으로 사건의 갈등과 대립, 긴장을 절정에 이르게 한다. 율법을 앞세워 여인을 정죄하고 예수마저 궁지에 몰아넣으려는 고소자들의 공세는 예수의 기나긴 딴짓으로 최고조에 달했다. 흥미로운 건 이 클라이맥스가 PA의 서사에서 율법의 권위를 확고하게 세운다는 점이다. 예수의 침묵이 길어질수록 율법에 근거한 고소는 더욱 공고해진다. 범죄한 죄인은 율법에 따라 처벌받아야 한다는 율법의 엄위로운 권위가 고소자들과 예수의 대치 상황에서 확립되고 있다. 바로 이때 예수가 침묵을 깬다.

너희 중에 죄 없는 자가 먼저 돌로 치라(7절)

율법에 근거한 고소와 그로 인한 긴장과 대치가 예수의 긴 침묵으로 절정에 이를 때, 즉 율법의 권위가 정점을 찍을 때 저 유명한 형 집행 명령이 내려진다. 66권 성서 중 가장 널리 알려진 PA, 그 PA에서도 가장 많이 알려진 본문 7절은 죄인에 대한 형벌 명령이다. 메시아가 형벌을 명령하다니? 처벌이 아니라 구원을 위해 왔다는 그의 언설들(요한복음 3:17; 8:15; 12:47)과 배치되는 이 언명에 모두가 의아해하고 있을 때 더욱 의아한 일이 벌어진다. 돌을 던지라 했는데 웬일인지 고소자들이 머뭇거린다. 어차피 죽일 수는 없으니 죽지 않을 만큼 위해危害라도 가할 수 있으

련만 오히려 한 사람씩 한 사람씩 돌을 버리고 자리를 뜨는 게 아니가.

> 저희가 이 말씀을 듣고 양심의 가책을 받아(9절)

구원자 메시아의 가차 없는 처벌 명령이 성속을 통틀어 가장 유명한 구절이라니……, 의아하면서도 이해가 되기도 한다. 정점으로 치달았던 서사의 팽팽한 긴장과 위기가 이 명령으로 단번에 해소됐기 때문이다. 도저히 여인을 살릴 수 없는 절체절명의 상황에서 고소자들이 스스로 고소를 철회함으로써 여인도 예수도 극적으로 위기에서 벗어난 서사의 드라마틱한 결말이 인류의 지성에 적잖은 충격을 주었을 법하다. 죽이라 했는데 도리어 살리게 된 메시아발發 역전 구원의 생생한 현장감이 독자들의 뇌리에 각인됐을 것이다. 여인의 처벌과 예수의 대답을 종용하던 고소자들이 돌연 고소를 철회하고 물러간 이유를 본문은 양심의 가책이라고 설명한다. 율법의 추상같은 권위를 앞세워 여인을 정죄하던 이들이 자신들이 고소자로 부적격자라는 걸 깨닫고 스스로 정죄를 포기한 것이다.* 예수의 형 집행 명령으로 고소자들의 자격 미달이 드러났고 형 집행은 철회됐다.

메시아 구원의 신호탄

마침내 의문이 해소됐다. 길고 긴 예수의 침묵은 잔인도 오만도

---

*고소자들이 양심의 가책을 갖게 된 보다 구체적인 배경은 다음 칼럼에서 언급된다.

아니었다. 문학적으로 PA의 서사에서 예수의 침묵과 지면 낙서 행위는 사건의 긴장과 위기감을 고조시키는 플롯이다. 고소자들과의 긴박한 대치 상황에서 예수의 오랜 딴짓은 첫째, 율법에 근거한 고소자들의 고소를 절정으로 끌어올리고 둘째, 죄를 향한 율법의 심판을 공고히 하며 셋째, 율법에 따른 형 집행 명령을 발효시키기 위한 사전 포석으로서 메시아의 의도된 전략이었다. 예수의 형 집행 명령은 결과적으로 율법을 주창하는 고소자들이 오히려 율법에 의해 정죄당하는 역전 드라마의 큐 사인 같은 것이다. "죄 없는 자가 돌로 치라"는 율법의 권위에 따라 죄를 심판하고 동시에 죄인을 살리는 메시아 구원의 신호탄이었다.

앞의 글에서 우린 'PA 왕따'의 실체가 PA에 대한 지긋지긋한 오해였음을 확인했다. PA의 예수는 간음죄를 방치도 방관도 하지 않았는데 사람들은 이를 오해

영화, 「주홍글씨」(1995년)

했고 PA를 외면했다. PA의 예수는 율법의 규정대로 처벌에 찬동했는데도 사람들은 PA에게, 소설 '주홍 글씨'(너더니엘 호손 저)의 여주인공 가슴팍의 그 'A'와 같은, 불경不敬이란 꼬리표를 붙였다. 이 얼마나 굴곡진 운명인가.

오래전 박사 과정을 밟고 있을 때 일이다. 수강 중인 요한복음 세미나에서 PA를 주제로 논문을 발표했다. PA에 대한 오해를 설

명한 뒤 위에서 언급한 예수 침묵의 세 가지 의미를 논하면서 율법의 권위에 기초한 메시아 구원의 실상을 강조하는 것으로 마무리했다. 그런데 이어지는 평가에서 지도 교수는 요한복음 신학에서 율법의 기능과 입지란 주제는 성립하기 어렵다며 율법에 근거한 메시아 구원이란 논지의 타당성에 이의를 제기했다. 이에 대한 필자의 반론은 끝내 받아들여지지 않았고, 새로운 학문적 견해와 시각에 대한 학계의 배타적 입장을 확인한 채 세미나실을 나오면서 필자는 PA에 대한 연구를 더욱 발전시켜 학계에 내놓겠다는 결의를 다졌다. 그리고 그 결의가 실행에 옮겨질 수 있었던 건 그로부터 약 두 달 뒤 우연히 대한성서공회 주최의 학술대회 안내 팜플릿에서 한 연구자의 발표 논문 제목이 눈에 들어왔기 때문이다.[*]

요한복음에서의 율법에 대한 새로운 조망.

율법이 메시아 구원 사역의 근간이 되고 있음을 생생하게 보도하는 PA를 요한복음 신학에서의 율법의 역할을 인정하지 않는 국내 성서학계가 마뜩잖아하지 않을까? PA를 변호하려고 2013년 국내 학술지『신약연구』제31호에 발표한 필자의 논문("예수의 무정죄 선언: 용서인가?")으로 인해 되레 PA 왕따 이유가 하나 더 추가된 건 아닌지 걱정이다.

---

[*]오래전이라 정확한 문구는 기억하지 못하지만 워딩은 대략 이랬다.

23. 구원의 시나리오 PA

구원의 은혜와 진리는 율법의 토대 위에서 성취된다는
구원론을 드라마화한 시나리오,
그것이 PA의 진짜 가치다.

이전 두 편의 글을 통해 'PA 왕따'의 실체 및 허구성이 밝혀졌고 율법에 기초한 메시아 구원 은총 사건으로서 PA의 진면모를 확인할 수 있었다. 전편의 글 "의문투성이 PA"에서 예수의 지면 낙서 행위의 함의에 관한 궁금증은 해소됐지만 PA의 서사에는 아직 의문이 남아 있다. 그것은 간음녀의 남자 파트너 부재에 관한 것이다. 율법은 간음한 남녀 모두를 처벌하라고 규정했는데(신명기 22:22~24) 본 사건에선 간음의 상대 남자가 등장하지 않는다. 간음남의 부재에 대해 학자들은 '남자가 이미 처벌 받았거나 아니면 남자가 증인들을 매수해서 도주했을 것이다'(J. D. M. Derrett), '여인의 남편이 여인을 곤경에 빠뜨리기 위해 간음남과 공모했을 것이다'(S. A. James) 등의 견해를 제시하지만 추측일 뿐이다. 간음남이 없는 상황에서 여자만 정죄하고 처벌하는 건 정당하지 못하며(R. A. Whitacre) 율법에 저촉되는 처사가 아닐 수 없다. 힘없는 여자만 잡아 와 겁박하는 장면은 굳이 페미니즘의 관점이 아니더라도 명백한 성차별이란 비난을 피하기 어렵다.

이상한 침묵

이래저래 PA는 의혹과 따돌림의 대상인가. 간음남의 부재와 관련해서 보다 더 큰 의문이 있다. 어떤 학자는 비록 여인의 목숨은 살렸지만 여성에 대한 남성우월주의의 일방적이고 불공평한 처사에 대해 예수께서 침묵하는 게 못마땅하다고 말한다(H. Kinukawa). 다시 말해서 남자가 없이 여자만 잡아 온 건 율법을 어긴 것이 분명한데도 이에 대해 이의를 제기하지 않는 건 잘못됐다는 말이다. 일리 있는 지적이다. 만약 예수께서 율법 규정을 들어 간음남 부재에 관해 문제를 제기했다면 무리가 여인과 예수를 더 이상 추궁하기는 힘들었을 것이다. 간음남 부재는 유대교 지도자들의 계책을 무위로 그치게 할 한 방이 분명한데도 예수는 이 문제를 거론하지 않는다. 가장 억울해야 할 여인마저 침묵을 지킨다. 이상하다. 법에 따라 간음남도 같이 처벌받아야 하건만 누구도 이에 대해 언급하지 않는다. 마땅히 제기돼야 할 문제에 대한 묵언의 서사를 어떻게 이해해야 할까? 성서는 성서로 풀어야 한다고 했던가. 간음 처벌 규정이 있는 부부 관련 신명기의 다른 규정을 찾아보니 24장이 눈에 들어온다.

> 사람이 아내를 취하여 데려온 후에 수치 되는 일이 그에게 있음을 발견하고 그를 기뻐하지 아니하거든 이혼 증서를 써서 그 손에 주고 그를 자기 집에서 내어 보낼 것이요 그 여자는 그 집에서 나가서 다른 사람의 아내가 되려니와(1~2절)

위 신명기 본문은 이혼에 관한 규정인데 이혼의 주도권이 남자에게 있다는 점이 눈에 띈다. 규정의 골자는 "수치 되는 일"과 "이혼 증서"다. 아내의 수치스러운 점을 이유로 이혼하는 경우 이혼 증서를 주라는 내용이다. 당시 유대 사회에서 경제권이 없는 여성의 합법적 재혼을 위한 배려 차원에서 이혼 증서를 주도록 한 건데 되레 많은 폐해가 발생했다. "수치 되는 일"을 넓은 의미로 해석해서 성적 부도덕은 물론 머리를 풀고 외출하는 경우, 거리를 배회하거나 남자와 이야기하는 경우도 이혼 사유로 간주한 나머지 이혼이 빈번해졌다. 유대인들의 구전 율법집 '미

쉬나'에 따르면, 이혼 증서에는 이혼녀의 재혼을 허용하는 문구가 기록되어야 하며 이 문구가 없는 증서는 이혼 증서로서의 효력을 인정받지 못했다.

이처럼 이혼 증서에 재혼 허용의 문구가 없거나 또는 아예 이혼 증서를 받지 못한 경우(남편의 갑작스러운 사망 또는 남편의 고의) 이혼녀의 재혼이 불가능하게 된다. 여성의 경제권이 보장되지 않았던 사회에서 이혼 증서 없는 이혼녀가 살아갈 방법은 다른 남자와의 동거 또는 매춘뿐이었다. 결국 이 여성들은 살기 위해 어쩔 수 없이 간음과 음행을 범하게 되는 것이다. 결혼 및 이혼에 있어 남성에게 주도권이 주어진 사회에서 여성의 인권을 보호하기 위해 제정된 신명기의 규정은 역설적이게도 생계형 간음녀 및 매춘부 양산의 빌미가 됐다.

생계형 간음

이처럼 남성 주도의 이혼 관습으로 인한 여성의 권익 침해 사례가 빈번하게 발생했던 당시 유대 사회의 정황을 통해 우리는 PA의 간음한 여인이 처한 진짜 상황을 유추해 볼 수 있다. 전술한 바와 같이, 율법의 규정에 따라 당연히 함께 처벌받아야 하는 남자 파트너의 부재에 관하여 누구도 이의를 제기하지 않는 본문의 정황은 여인의 간음죄가 일반적 의미의 간음(혼외 간음 또는 혼전 간음)이 아닐 수 있다는 추론을 가능하게 한다. 이혼 증서를 받지 못했거나 또는 효력이 없는 이혼 증서인 경우 생계를 위해 다른 남자와 동거하는 사실혼 관계일지라도 부부로 인정받지 못하기 때문에 간음죄가 성립될 수 있었다.

이것이 PA의 배경이라면 여인의 동거남은 상처 입은 여인을 보살펴 주었다는 정상이 참작되어 바리새인들도, 예수도, 그리고 여인조차도 이를 문제 삼지 않은 것으로 추정할 수 있다. 서기관, 바리새인들로부터 율법을 근거로 공격받는 예수의 입장에서 율법을 근거로 공세를 뒤집을 수 있는 확실하고도 용이한 방법이 남자 파트너의 부재 문제임에도 아무도 이를 지적하지 않는 본문의 정황을 볼 때 위와 같은 배경 상정이 설득력이 있다.

이혼 증서 규례의 부작용으로 초래된 생계형 간음이 PA의 배경이라면 본문에서 간음남 부재와 관련된 의혹은 해소된다. 단독으로 경제권을 향유할 수 없는 여성들이 이혼 증서 없이 버림받는 경우 생계를 위한 동거가 불가피하다는 걸 인정하면서도 이들에 대한 사회의 시선은 곱지 않았다. 율법이 정죄한 간음이냐, 생계를 위한 어쩔 수 없는 선택이냐를 놓고 해석이 엇갈리기도 했겠지만 엄격한 율법 준수를 고수하는 주류 유대 사회는 이들에게 간음녀라는 낙인을 들이댔다. 그러나 이들에 대한 동정 여론도 있었을 것이다.

요한복음 4장의 '사마리아 수가성 우물가 여인 이야기' (4:5~

42)가 그 좋은 예다. 우물가에서 예수님과 조우한 여인은 과거 5명의 남편을 거쳐 현재 여섯 번째 남자와 살고 있다. 이전 5명의 남자는 남편이었고 현재의 동거남은 남편이 아니라는 예수의 언설(18절)은 여인이 4명의 남편으로부터 이혼 증서를 받고 이혼당했으며 5번째 남편에게서는 이혼 증서를 받지 못한 채 버림받아 현재의 남자와 사실혼 관계를 유지하고 있는 생계형 간음녀임을 보여 준다. 네 차례의 이혼과 한 차례의 버림받음이라는 기구한 처지에서도 여인은 구도求道의 영성으로 살았다(15, 20, 25, 28절). 메시아를 만났다는 그녀의 외침에 동네 사람들이 성 밖으로 나와 유대인 예수를 세상의 구원자로 고백하는 극적인 장면(42절)은 여인에 대한 주민들의 신뢰가 있지 않고선 불가능하다. 이혼과 버림받음이 반복되는 생의 험로를 걸어가면서도 경건함을 잃지 않고 삶의 의지를 다진 여인의 초연함은 사람들로 하여금 동정을 넘어 숭고미崇高美를 느끼게 했을 것이다.

가책의 부메랑

여기서 우린 고소자들이 예수의 형 집행 명령을 듣고 물러간 보다 본질적인 이유를 만난다. 예수 앞에 있는 여인과 무리. PA 서사의 전경前景은 각각을 죄인과 고소인의 관계로 묘사한다. 그러나 전경에서 잘 드러나지 않는 서사의 배경은 여인을 인권의 사각지대에서 사회적 돌봄을 받지 못하는 피해자로, 무리를 사회적 약자를 이용해 이득을 편취하는 기득권 세력으로 정시正視하게 한다. 전경과 배경이 엇갈리는 PA의 서사에서 예수의 기나긴 침묵은 고소인들로 하여금 무고한 여인을 향한 정죄를 쏟아 내게 했고 여인으로 하여금 그들이 쏟아 낸 야비한 정죄를 온몸으로 받게 했다. 고소인들의 야비함과 여인의 무고함이 거푸집 속 콘크리트 반죽처럼 어지럽게 타설되고 부딪히면서 고소자들의 내면 속 숨겨진 양심이 눈을 뜨기 시작했다: '우리가 좀 심하지 않나?'

남성 우위 사회에서 경제력이 없는 이혼녀로서 최소한의 인권조차 보호받지 못하는 여자를 향한 뭇 남성들의 정죄의 몰매는 급기야 "죄 없는 자가 먼저 돌로 치라"는 형 집행 명령 앞에서 가책의 부메랑으로 돌아왔다. 생계형 간음이란 억울한 꼬리표를 달고 살아가는 여인을 이용해서 야욕을 성취하려는 남성 우위 카르텔의 파렴치범을 '죄 없는 자가~'라는 단서가 정조준했기 때문이다. 겉으론 율법 준수를 주창하면서 사회적 약자의 약점을 틀어쥐고 욕망의 이빨을 드러내는 비겁하고 야비한 저들의 민낯이 메시아의 일격에 의해 폭로된 것이다. 고소자들은 자신들의 고소에 의해 고소당했다. "너희의 비판하는 그 비판으로 너희가 비판을 받을 것이다"라는 마태복음의 지적이 이렇게 실현된 것인가. 율법을 앞세워 무고한 여인을 정죄한 그들을 그들의 양심이 정죄했다(로마서 2:1 참조).

상상해 본다. 만약 예수와 여인의 침묵이 없었다면 상황은 어떻게 전개됐을까? 이혼 증서 없이 버림받은 억울한 여자라고 예수께서 옹호하거나 왜 자신만 잡아 왔냐고 여인이 항의했다면 과연 무리가 돌을 버리고 고소를 자진 철회했을까? 무리를 향해 억울함과 무죄를 항변했어도 저들의 양심이 발동했을까?

전편 칼럼 "의문투성이 PA"에서 언급된 바와 같이, PA 서사에서 사뭇 이해하기 어려운 예수의 긴 침묵과 지면 낙서 행위는 고소인과 피고소인의 대치, 예수와 유대교 헤게모니의 대결 구도를 절정으로 치닫게 하는 플롯으로서 무고한 약자를 향한 정죄를 최고조에 이르게 함으로써 율법의 권위를 세우고 정죄의 실효를 최대치로 끌어올려 서사의 위기를 극대화한다. 율법을 등에 업은 비난과 정죄의 아우성들로 임계점에 다다른 율법의 권세가 예수의 칼끝 같은 일성에 의해 폭탄 터지듯 터지자 '권세 파편'을 맞은 고소인들이 추풍낙엽처럼 쓰러졌다. 자신들이 내세운 율법의 권세에 의해 자신들이 정죄당한 것이다.

율법과 메시아 구원

전세가 역전됐다. 정죄를 퍼부은 이들은 그 정죄의 유탄에 패퇴하고, 정죄로 온몸에 난자당한 이는 오히려 살았다. PA 서사가 묘사하는 메시아의 구원은 그래서 역설적 구원이다. 이제 PA를 둘러싼 모든 의혹이 풀리는 것 같다. 예수는 왜 침묵했는지, 그리고 그 침묵이 왜 길었는지. 불쌍한 여인에게 위로 한마디 없는 메시아의 침묵. 법의 사각지대에서 보호받지 못한 채 힘겹게 살아가는 여인을 농락하는 야비한 자들을 호통 한번 치지 않아 비겁해 보이기까지 한 메시아의 지면 낙서 행위의 함의를 이제야 알 것 같다. 율법의 권위가 충일한 그 자리에 비수처럼 꽂힌 메시아의 한마디 "죄 없는 자가 돌로 치라"는 무리와 여인에게 천명한다: '인간은 죄 없는 자가 없다, 따라서 인간이 인간을 정죄할 수 없고 심판은* 신의 권한이다' (이상 무리에게), '율법을 향해 사는 길은 율법의 정죄를 받는 것이다, 비록 비난과 정죄가 억울할지라도 받아들이면 최후 승리는 그대의 것이다' (이상 여인에게). 이것이 태초로부터 있는 말씀, 하나님이신 그 말씀이 선포하는 메시아 구원임을 PA가 증언한다.

> 율법은 모세로 말미암아 주신 것이요 은혜와 진리는 예수 그리
> 스도로 말미암아 온 것이라 (요한복음 1:17)

메시아 구원의 요체를 함의하는 이 구절은 율법과 은혜를, 모세와 예수를 상호 단절이 아닌 상호 연계 및 상호 교류의 관점에서 대비한다. 예수 그리스도의 은혜와 진리는 율법의 배제가 아니라 율법의 토대 위에서 성취된다는 요한복음의 구원론을 드라마화한 시나리오, 그것이 PA의 진짜 가치다.**

---

*요한복음을 비롯한 신약성서에서 정죄와 심판은 동일한 단어 '크리시스κρίσις' 로 표기된다.

**요한복음 구원론의 토대로서의 율법은 구약 토라의 의식법(제의법), 시민법(사회법), 도덕법(윤리법) 중 도덕법을 말한다.

24. 순수 이타성 유감

구세군 본부를 찾아가 1억 원짜리 수표가 든
봉투 두 장을 건네고 홀연히 사라진 백발의 노부부는
늘그막에 영생을 보장받으려고 황급히 자취 감춘 것일까?

신문을 훑다가 한 칼럼 제목이 눈에 들어왔다: "순수 이타성을 넘어 이기적 이타성으로".* 서울대 심리학과 최인철 교수의 글인데 성서를 언급한 내용이 있어 완독에 이어 정독, 나아가 숙독까지 하게 됐다. 이유는 다음의 대목에 있다:

> 오른손이 하는 일을 왼손이 모르게 하라는 종교적 가르침도 마음의 부담이다. 자신의 선행을 알리지 말라는 은밀한 구제의 가르침에 반대하는 것은 아니다. 하지만 자기의 선행을 주변 사람들에게 '은밀하게' 공개하고 싶은 작은 이기심이 그렇게도 비난받을 일일까 하는 원망을 지울 수가 없다. 선행이 공개적으로 인정받았을 때 오히려 이타적 행위가 증가한다는 연구 결과는 은밀한 선행, 익명 기부, 그리고 자기희생을 강조하는 숭고한 가르침 앞에서 여지없이 '속된 생각'이 되고 만다.

착하게 살아오지 않았더라도 누구나 살면서 착한 일을 하고픈 충동이 생길 때가 있는데 그런 착한 마음이 충동 쇼핑처럼 순수하지 못한 행위로 간주되어 그 동기에 의심의 꼬리표가 붙는 현상을 최 교수는 안타깝게 조망한다. 사익을 위한 고의적 착한 일은 경계해야 하지만 내적 심리적 만족을 위한 착한 일마저 매도돼선 안 된다는 그의 지적에 공감하면서 필자는 성서학도로서 그의 글에 사족(?)을 달아야 한다는 충동을 느꼈다. 그가 인용한 성구에 대한 오해 또는 오역의 여지가 엿보였기 때문이다.

---

*중앙일보 2018년 10월 24일 자 28면.

심리학자의 오해

우선 칼럼에서 인용한 성서 본문에 대한 바른 이해가 선행돼야 한다. 최 교수가 언급한 성구 '오른손이 하는 일을 왼손이 모르게 하라'(A)는 마태복음 6장 3절인데 1절부터 18절까지 기술된 행위들(구제, 기도, 금식)의 은밀함의 정도程度를 묘사하는 구절로서 '아무도 모르게', '쥐도 새도 모르게'란 함의가 있다. 그 반대말은 본문에서 "사람에게 보이려고"(B)인데 A가 한 차례(구제와 관련해서) 사용되고 B는 세 차례(1, 5, 16절) 사용되어 본문의 '은밀함'이 '사람에게 보이려 하지 않음'이란 뜻임을 명징한다.

성서 본문의 배경인 1세기 유대 사회에서 구제, 기도, 금식은 신에 대한 순종과 헌신의 의미가 담긴 종교적 행위인데 바리새파를 비롯한 일부 종교 엘리트들이 이 행위들을 자기 과시 목적으로 변질시켰음을 본문이 질타한 것이다. 성구가 속한 본문의 문맥과 배경을 고려하면 '오른손이 하는 일을 왼손이 모르게 하라'는 남에게 보이려는 의도의 선행을 지적한 것이지 선행을 통한 내적 만족 추구를 단죄한 게 아니라는 점이 명확해진다. 최 교수의 오해가 해소되길 바란다.

한편 최 교수는 착한 일을 남을 돕는 것으로 정의하는 것 같다. 기실 그것이 선행의 일반적 개념이겠지만 성서, 특히 마태복음서가 말하는 착한 일엔 다른 함의가 있다. 마태복음서 '부자 청년 이야기'(19:16~22)에서 착한 일에 대한 성서의 입장을 살펴보자.

한 부자 청년이 예수를 찾아와 묻는다: "내가 어떤 착한 일을 해야 영생을 얻겠습니까?" 그러자 예수는 왜 자신에게 선한 일에 관해 묻느냐고 반문한 뒤 계명을 지키라고 답한다. 청년은 영생 획득을 위한 선행의 유형을 물었는데 예수는 계명 준수를 촉구한 것이다. 다급해진 청년이 계명 완벽 준수를 자신하자 이번엔 더 센(?) 계명, 아니 진짜 착한 일, 즉 영생 직결의 선행을 언도한다: "가서 네 소유를 팔아 가난한 자들을 주라"(21절). 그런데 이제까지 자신만만하던 청년은 풀이 죽어 근심 어린 얼굴로 돌아간다.

　이상하다. 자신이 원하는 답, 즉 영생으로 직행하는 착한 일을 들었는데 청년은 기뻐하기는커녕 슬픈 표정으로 돌아가는 게 아닌가.* 마침내 영생을 보장받을 수 있는 선행을 찾았으니 좋아해야 하건만 청년은 왜 근심하고 슬퍼했을까? 재산 처분이 부담돼서? 재산 처분을 도저히 수용할 수 없는, 말도 안 되는 요구라고

---

*마가복음 10장 22절은 청년이 슬퍼했다고 기록한다.

느꼈다면 화를 내거나 반박해야 했다. 근심하고 슬퍼했다는 건 반대나 반발의 의미라기보단 고뇌, 위축을 함의한다. 아무 말 없이 돌아갔다는 건 단념의 표시다. 자신이 갈망했던 답을 얻었는데 고뇌 속에 단념했다는 건 답의 진의眞意를 깨달았다는 의미로 볼 수 있다. 도대체 재산 처분 명령의 진의가 무엇이길래 청년의 반응이 반항이나 거부가 아닌 고뇌와 포기로 나타났을까?

재산 처분 명령의 진의

궁금증 해결의 실마리는 두 사람 간 주고받은 대화에 있다. 정리해 보자. 청년은 영생 얻을 선행을 물었다. 예수는 그 선행을 알려 줬다. 원했던 답을 들었는데 청년은 근심과 슬픔 속에 돌아간다. 이건 뭔가를 깨달았을 때 나타나는 반응이다. 이웃을 자기 몸처럼 사랑했다고 자신한(20절) 착한(?) 청년이 재산 처분 명령 앞에서 풀이 죽었다는 건 한계를 만났다는 말이다. 자기의 착함이 재산 처분에 미치지 못하다는 걸 깨달았기에 유구무언, 아무 말도 못 하고 근심 어린 얼굴로 돌아간 것이다. 그렇다면 예수의 답, 즉 재산 처분은 정말로 영생을 보장하는 착한 일일까? 예수의 진의는 무엇일까?

만약 재산 처분이 영생 획득의 답이라면 왜 처음에 알려 주지 않았을까? 선행을 왜 묻느냐는 예수의 반문, 계명을 지키라는 권고는 그냥 잔소리였을까? 재산을 처분해서 구제하는 게 영생의 길이라면 4개 복음서에 기록된 구원, 영생, 심판 관련 예수의 다양하고 심오한 어록들은 단지 곁가지용 멘트란 말인가? 거듭되는 의문들은 재산 처분 명령에 담긴 예수의 진짜 의도를 주목하게 한다. 영생 얻는 착한 일을 왜 자신에게 묻느냐는 거부성 반문과 계명 지킴 권고는 '착한 일=영생'이라는 청년의 자기 전제에 동의하지 않는다. 청년의 전제대로 선행이 영생의 길이라면 가난한 사람들은 영생과 멀어진다. 부자가 가난한 자보다 남을 도울 시간적 물질적 여유가 훨씬 더 많기 때문이다. 그리고 단번의 재산 처분으로 영생이 보장된다면 평생 나쁜 짓 하고 살다가 죽기 직전 재산을 처분해서 구제하면 천국에 갈 수 있다는 몹쓸 도그마가 힘을 얻지 않겠는가.

재산 처분 명령의 진의는 따로 있다. 풀이 죽어 돌아가는 청년을 바라보며 예수가 제자들에게 한 말이 그 진의를 보여 준다.

약대가 바늘귀로 들어가는 것이 부자가 하나님의 나라에 들어가는 것보다 쉬우니라(마태복음 19장 24절)

약대(낙타)는 바늘귀로 못 들어간다. 그러니 부자가 하나님의 나라에 들어가는 건 아예 불가능하단 선언이다. 선언에 놀란 제자들이 구원의 길을 묻자 예수의 최종 선언이 내려진다.

사람으로는 할 수 없으되 하나님으로서는 다 할 수 있느니라(26절)

재산 처분 명령에 담긴 예수의 진의는 바로 이것이다: '사람으로는 할 수 없다.' 예수의 재산 처분 명령은 재산 처분이 영생으로 직행한다는 말이 아니라 영생은 재산 처분과 같은 인간의 노력(또는 공력)으로 획득할 수 있는 대상이 아니라는 점을 깨닫게 하기 위한 사전 포석이었던 것이다. 흔히 '착한 일 많이 하면 죽어서 좋은 데 간다'고 말한다. 부자 청년도 이 전제를 갖고 예수에게 물었다. 그런데 가만히 보면 이 말처럼 불공평한 말이 없다. 앞에서 언급했지만 착한 일이 남을 돕는 것이라면 그리고 그 착한 일이 영생 구원 천국 극락세계로 직통하는 길이라면 가난한 사람들은 부자들에 비해 불리할 수밖에 없지 않은가. 그리고 착한 일을 얼마큼 해야 하는가도 논란거리다. 청년은 영생을 획득하는 선행의 종류가 궁금했겠지만 선행의 분량은 그에 못지않은 궁금증 유발 요인이다. 영생행行 선행의 종류와 분량에 관한 기준이 사람마다 사회마다 같을 수 없기 때문이다. 이렇게 불분명하고 불공평한 전제를 예수가 따를 리 만무하다.

착한 일=영생?

사람으론 할 수 없다는 선언 뒤의 하나님으로선 할 수 있다는 선언은 청년으로 하여금 '착한 일=영생'이라는 전제를 버리고, 즉 인간의 힘으로 영생을 어찌해 보려는 망상을 버리고 하늘의 은총을 기대하란 의미다. 계명을 지키라는 권면과 재산 처분 명령은 인간의 공력으로 영생 획득이 가능하단 의미로 주어진 게 아니라 반대로 인간의 공력으론 영생 획득이 불가능하단 선언을 위한 과정이었던 것이다. 단순히 남을 돕는 행위로서의 착한 일은 마태복음의 관심사가 못 된다. 사람에게 보이기 위한 의도가 배제된 행위(그것이 구제이든 기도이든 금식이든)만이 인정을 받고 영생으로 이어진다는 게 마태복음의 관점이다.

요약해 보자. '오른손이 하는 일을 왼손이 모르게 하라' 는 성구는 최 교수가 말한 이기적 이타성, 즉 내면의 행복감을 위한 착한 일을 반대하거나 단죄하지 않는다. 물론 내면적 행복감이란 것이 자신의 선행을 남이 알아주고 남의 주목과 칭찬을 받을 때의 느낌을 의미하는 거라면 문제가 되겠지만 남과 무관한 개인적 뿌듯함을 말하는 거라면 성구가 강조하는 선행의 은밀함에 배치되지 않는다. 참고로 선행의 은밀성이 구체적으로 삶에서 어떻게 적용되고 그 삶이 인류 최후 심판에서 어떻게 심판 기준으로 작용하는가는 마태복음 25장의 최후 심판 이야기(31~46절)에 잘 나타나 있다. 영생으로 이어지는 선행은 단순히 남을 돕는 것이 아니라 그 선행으로 인한 어떤 보상과 반대급부도 기대하지 않는 선행이다.* 글을 이쯤에서 마치려는데 아뿔싸! 아래 대목이 또 맘에 걸린다:

> 더 흥미로운 점은, 이들 자신이 평소에 남을 돕는 행위를 더 많이 하지는 않는다는 사실이다. 순수해야만 이타적이라는 높은 기준을 가진 사람들이 실제로 남을 많이 돕고 있다면 그들의 가르침을 기꺼이 받아들일 수 있을 텐데, 오히려 남을 돕지 않는다니 이상한 노릇이다. (중략) 우리 모두에게서 순수 이타성에 대한 완벽주의의 멍에를 걷어내야 한다.

최 교수는 순수 이타성, 즉 선행의 은밀성을 추구하는 이들이

---

*이에 관해서는 필자의 책 『성서 휴머니즘』(한국학술정보), 284~287, 307~309 참조.

그렇지 않은 사람들보다 선행을 더 많이 하지 않는다는 서울대 연구소의 분석 결과를 인용하면서 순수 이타성의 완벽주의를 해제해야 더 많은 선행이 양산될 것이라고 주장한다. 최 교수가 말하는 착한 일이 남을 돕는 것이고 그 착한 일이 죽어서 좋은 데 가게 하는 그 무엇이라는 신념에서 이기적 이타성의 확산을 촉구하는 것이라면 최 교수가 인용한 성구와 마태복음서의 가르침은 그와 다르다는 점은 이미 '부자 청년 이야기'를 통해 논증했다.

그런데 위 주장을 그냥 넘길 수 없는 건 순수 이타성을 추구하는 이들이 선행을 더 많이 하지 않는다는 논리에 동의할 수 없기 때문이다. 순수 이타성이 이기적 이타성의 걸림돌이 될 수 있다는 지적까진 수긍할 수 있지만 전자가 후자에 비해 선행의 분량이 적다는 지적은 그 자체로 모순이다. 최 교수의 말대로 순수 이타성은 자신의 선행을 결코 외부에 알리지 않는다. 따라서 순수 이타성의 선행을 남들이 모르는 게 당연하지 않은가. 서울대의 그 연구소는 순수 이타성 선행의 횟수와 분량을 어떤 방법으로 측정했다는 건지 모르겠다. 그들이 결코 내색을 안 했을 텐데 말이다.

얼굴 없는 선자善者들

해마다 연말이면 주민센터 근처에 수천만 원의 현금을 숨겨 놓고 이를 전화로 알려 기부하는 전주시의 얼굴 없는 천사는 자신의 내적 행복감을 극대화하기 위해 매번 은밀하게 기부하는 걸까? 구세군 본부 총무과 사무실을 불쑥 찾아가 직원에게 1억 원짜리 수표가 든 편지 봉투 두 장을 건네고 홀연히 사라진 백발의 노부부는 늘그막에 영생을 보장받으려고 황급히 자췰 감추는 것일까? 과연 이분들은 자신들이 착한 일을 했다고 자부할까? 거액을 기부하면서도 이들은 왜 이토록 쥐도 새도 모르게 하는 걸까. 성금 봉투에 자신의 지문조차 남기길 꺼리는 이들의 극단적 거리낌은 최 교수의 말처럼 순수 이타성에 대한 과도한 집착이며 이기적 이타성을 억압하는 역효과를 유발할까? 정말 그럴까? 그리고 이와 같은 극단적 은밀함이 서울대 연구소의 조사 통계에 잡힐까?

칼럼의 서두와 결말에서 최 교수는 집에서 몸의 때를 벗긴 다음에야 공중목욕탕에 가는 습관을 고집하다 결국엔 목욕탕에 자주 가지 않는 친구의 사례를 언급한다. 집에서 때 밀기 싫어 목욕탕에 안 가게 되는 것처럼 순수 이타성 때문에 선행을 못 하게 된다는 다소 어울리지 않는 비유를 인용해 결론을 내린다. 그러나 여기엔 반전이 있을 수 있다. 친구가 목욕탕에 안 가는 건 집에서 충분히 때를 잘 벗기고 있기 때문이 아닐까? 이기적 이타성의 선행이 활성화되지 않는 건 순수 이타성 때문이라기보단 선행을 행할 동력이 떨어진 건 아닐까? 착한 일이란 것이 누가 시켜서 하고 누가 하지 못하게 해서 안 하는 것은 아니지 않은가.

땅거미 내리는 초저녁, 순찰길에 폐휴지 가득 쌓인 손수레를 끌고 가파른 언덕길을 올라가는 할머니를 대신해서 수레를 끄는 우리 동네 파출소 박 순경은 순수 이타성일까 이기적 이타성일까? 얼굴 없는 천사의 선행이나 노부부의 역대 기부 소식을 들은 박 순경은 주눅 들어 수레 끌길 주저할까? 그나저나 폐지 리어카 미는 게 일상이 된 마을 지킴이에게는 이런 논의가 그저 게으른 식자들의 한담객설로 들리진 않을지 모르겠다.

25. 구유에 누인 아기

「아기 예수에게 경배하는 목자들」 _ 혼토르스트(Gerard van Honthorst, 1622년)

1세기 구유 성탄과 21세기 교회 성탄이
2천 년 시공간을 사이에 두고 연출하는 아득한 비대칭

구약성서는 메시아의 강림을 예언했다.

> 베들레헴 에브라다야 너는 유다 족속 중에 작을지라도 이스라
> 엘을 다스릴 자가 네게서 내게로 나올 것이라 그의 근본은 상
> 고에, 태초에니라(미가 5:2)
> 그 정사와 평강의 더함이 무궁하며 또 다윗의 위에 앉아서 그
> 나라를 굳게 세우고 자금 이후 영원토록 공평과 정의로 그것을
> 보존하실 것이라(이사야 9:7)

이 예언들은 메시아가 오셔서 이스라엘의 영원한 왕이 되어 통
치할 것을 말한다. 역사적으로 이스라엘은 오랜 기간 외세의 침
략과 지배를 받았다. 예수 탄생 당시 60년 가까이 로마의 식민통
치 아래에서 고통당해 온 이스라엘 백성들은 성서가 예언한 메시
아의 강림을 고대했다. 외세의 압제로부터 이스라엘을 해방시키
고 시온의 영광을 회복하여 다윗 왕가의 영화榮華를 재건할 정치
적 메시아를 기다리고 있었다. 그렇다면 구약성서에 예언된 메시
아는 이스라엘이 기대하는 것처럼 정치 지도자로 등장할까? 그는
압제의 사슬을 끊고 자유를 가져다줄 민족적 투사일까?

메시아 탄생

구약성서가 예언한 메시아 탄생에 관한 신약성서의 기록은 마태
복음과 누가복음에 있다. 마태복음의 탄생 기사는 이렇다. 페르
시아의 점성술사로 추정되는 '마고스magos'들은 어느 날, 서쪽
하늘에서 유난히 빛나는 별 하나를 발견한다.* 메시아 탄생의 징

조임을 직감한 그들은 별을 따라 이스라엘로 향한다. 유대 땅에 들어온 마고스 일행이 향한 곳은 예루살렘의 헤롯 왕궁이었다. 이스라엘의 왕이 되실 메시아는 왕의 가문에서 태어났을 것이라는 확신을 갖고 왕궁으로 직행한 마고스들은 헤롯 왕에게 메시아 알현을 요청한다(2:1~2).

갑작스러운 이방인들의 방문과 메시아 탄생에 관한 비보秘報를 듣고 당황한 헤롯은 대제사장들과 서기관들에게 메시아 탄생지를 알아볼 것을 지시한다. 헤롯 왕의 도움(?)으로 베들레헴이 메시아 탄생지라는 미가서의 예언을 확인한 마고스들은 그때서야 자신들의 실수를 깨닫고는 왕궁을 나와 다시 별의 인도를 따라 베들레헴의 한 민가에 도착한다. 그리고 그곳에서 아기 예수에게 예물을 드리고 경배한다(3~11절).

「아기 예수에게 경배하는 마고스들」 _ 루벤스(Peter Paul Rubens, 1619년)

---

*그리스어 '마고스'는 별자리와 해몽 전문가, 또는 마법사를 뜻한다. 따라서 이들을 가리키는 '동방 박사'라는 명칭은 올바른 번역이 아니다.

마태복음의 탄생 기사는 메시아가 왕궁이나 고관대작의 가문에서 태어나지 않았음을 명시한다. 정치적 메시아를 예상한 마고스들의 착각은 영아 학살 참극의 빌미가 되고 만다(16~18절). 제국의 압제로부터 백성들을 구출해 낼 정치적 지도자를 기대한 세속적 메시아관의 오류와 폐해를 마태복음 탄생 기사가 확인해 준다. 그러면 이스라엘을 구원할 메시아는 어디에서 탄생했을까? 그는 어떤 메시아일까?

마태복음이 암시한 메시아 탄생 비의秘義는 누가복음에서 그 전모가 밝혀진다. 지식엘리트 마고스들의 착각과 그로 인한 권력 엘리트 헤롯 왕의 만행을 중심으로 마태복음 탄생 기사가 구성되었다면, 누가복음은 천상의 존재(천사)와 범인凡人(목자들) 캐릭터를 중심으로 메시아 탄생 이야기를 전개한다. 베들레헴 외곽의 어느 들녘에서 양 떼를 돌보던 목자들이 천사들의 메시아 탄생 고지를 받고 아기 울음소리를 찾아 도착한 곳은 왕궁도 대저택도 아닌 가축들이 사는 어느 민가의 마구간이었다. 구유에 누인 아기가 메시아라는 천사들의 탄생 고지를 눈앞에서 확인한 목자들은 들판에서 그들이 목도한 광경과 메시지를 아기 부모에게 알려 준다.

> 너희가 강보에 싸여 구유에 누인 아기를 보리니 이것이 너희에
> 게 표적이니라(누가복음 2:12)

그리스도이신 표적

'구유에 누인 아기, 이것이 그 아기가 세상을 구원할 그리스도이

신 표적이다.' 들판의 목자들이 전해 온 소식은 메시아를 왕궁에서 찾으려 한 지식엘리트의 허상과 권력엘리트의 포악상을 고발한다. 지식과 권력의 중심부를 향한 변방邊防의 꾸짖음이다. 지식엘리트는 자기 지식에 근거한 확신에 따라 메시아를 찾아 나섰지만 허탕만 친다. 그들은 호화로운 궁궐 안에서 비단이불에 싸여 금침대에 누워 있는 아기를 예상했을 테지만 누가복음이 증언하는 메시아는 낡은 헝겊 포대기에 싸여 가축들의 밥그릇에 뉘어 있다. 더욱이 지식엘리트들의 빗나간 자기 확신은 또 다른 중심세력인 권력엘리트의 메시아 사냥의 빌미가 되는 참담한 결과를 초래한다. 인간의 지식은 메시아를 알아내지 못했다. 메시아에 관한 지식은 있으나 정작 메시아를 알지 못했던 것이다. 그렇다면 '구유에 누인 아기'가 왜 메시아의 표적일까? 그 의미는 무엇일까?

낮은 곳에 임하신 그리스도

'구유에 누인 아기'는 낮은 곳에 임하신 그리스도를 의미한다. 구유는 가축의 밥그릇, 즉 여물통이다. 가축들이 사는 마구간에서 태어나 여물통에 누워 있는 아기 예수. 세상의 눈에는 참 불쌍하고 초라한 탄생이지만 천사들은 이 아기가 온 세상의 그리스도이심을 선포했다. 마고스들은 화려한 왕궁에서 메시아를 찾았으나 메시아는 그곳에 없었다. 세상을 구원할 메시아는 아무도 찾지 않는 곳, 사람들의 관심을 끌지 못하는 곳에서 나셨다. 그리고 그의 '나심'은 곧 그의 '사심'이다. 낮은 곳에서 나신 그리스도는 낮은 곳에서 사셨다. 오늘날 사람들은 휘황찬란하게 장식된 크리스마스트리를 밝히고 경쾌한 캐럴을 흥얼거리며 성탄을 맞이한다. 교회는 파이프 오르간의 웅장한 연주에 맞춰 정해진 순서에 따라 예식에 참여함으로써 '너와 나의 구원자' 오심을 서로 축하하며 성탄을 기념한다.

그런데 왠지 이 '맞이함'과 '기념함'은 두 복음서가 보도하는 아기 예수 탄생 기사에 걸맞지 않아 보인다. 지식엘리트의 메시아 허상과 권력엘리트의 메시아 숙청이 보내오는 마태복음 탄생 기사의 어둡고 살벌한 이미지가 현란한 성탄 맞이 세레모니와 어울릴까? 깊은 밤, 고요한 들판에서 목자들에게 은밀히 전해진 누가복음의 여물통 아기 탄생 이야기가 오케스트라 성가대의 화려한 성탄 기념 칸타타 선율에 담겨질 수 있을까? "구유에 나신 왕을 믿는 교회가 부와 재산을 축적하고 있다"는 어느 신학자의 일침은 1세기 '구유 성탄'과 21세기 '교회 성탄'이 2천 년 시공간을 사이에 두고 연출하는 그 아득한 비대칭을 질타하는 것 같다.

아기 예수는 부한 자, 권세자, 강한 자의 집에 없었다. 그리스도는 그의 나심 그대로 가난한 자, 억눌린 자, 약한 자들과 함께 하셨다. 강자들(헤롯 왕, 유대교 지도자들)은 그리스도를 죽이려 했고(마태복음 12:14) 약자들(목자, 노인 시므온, 여선지자 안나)은 환영했다(누가복음 2:25~38). 낮은 곳에 나신 그리스도는 오늘도 낮은 마음을 구유 삼고 임한다. 높아진 마음은 메시아를 알아보지 못하고 배척하지만 낮아진 마음은 그리스도를 알아보고 영접한다. 사도 바울은 자기의 약함을 자랑했다. 약함은 그리스도께서 머무실 구유이기 때문이다(고린도후서 12:1~9). 가장 낮고 천한 곳에 임함. 이것이 그 아기가 그리스도인 증거다.

먹이로 오신 그리스도

'구유에 누인 아기'는 먹이로 오신 그리스도를 나타낸다.

> 인자가 온 것은…… 자기 목숨을 많은 사람의 대속물로 주려
> 함이니라(마태복음 20:28)
> 한 알의 밀이 땅에 떨어져 죽으면 많은 열매를 맺느니라(요한
> 복음 12:24)

십자가에 달리기 전 마지막 만찬에서 예수님은 제자들에게 떡을 떼어주며 "받아 먹으라 이것이 내 몸이니라"(마태복음 26:26)하고, 또 잔을 주며 "이것은 죄사함을 얻게 하려고 많은 사람을 위하여 흘리는 바 나의 피 곧 언약의 피니라"(28절)고 말했다. 먹이로 탄생한 아기 예수, 먹히러 오신 그리스도. 세상의 죄사함과 구원을 위해 자기의 살과 피를 주러 오신 이가 참 메시아다. 힘센 사자의 이빨에 자근자근 씹혀 먹히는 어린 양처럼 예수님은 죄악의 이빨에 물리고 씹혔다. 고기를 칼로 자르고 포크로 찌르듯이 사람들은 예수를 죄악의 칼과 창으로 찔렀다. 유대 사회의 종교엘리트는 왜곡된 안식일 교리를 앞세워 예수에게 도그마의 칼을 휘둘렀다(누가복음 6:1~11; 13:10~14; 14:1~6). 자신들의 숨겨진 치부와 탐욕이 드러나자 종교 헤게모니의 폭력성은 죄 없는 이를 기어이 최고형에 처하고 말았다(누가복음 11:53~54; 13:31; 19:45~47; 20:9~19; 22:2~6; 23:13~25).

사람들은 예수를 정치적 메시아로 이용하고자 했고 예수님은 이를 경계했다. 오병이어 사건은 4개 복음서 모두가 보도하는 사

건으로서 본 사건의 여파에 관한 복음서들의 기록을 종합해 보면 이렇다. 오병이어로 수천 명이 배불리 먹는 기적을 목격한 사람들이 자신을 정치 지도자로 옹립하려는 의도를 간파한(요한복음 6:14~15) 예수님은 서둘러 제자들을 배에 태워 그 자리를 떠나게 한 뒤 군중들을 해산시키고 자신은 산으로 들어간다(마태복음 14:22~23). 기적의 현장이 정치적으로 이용되는 것을 원천 차단한 것이다. 최고의 신앙고백으로 최고의 칭찬을 받은 베드로는 얼마 못 있어 '사탄 빙의'라는 최악의 책망을 들어야만 했다(마태복음 16:13~19; 21~23). 무례한 태도로 스승의 죽음을 말리는* 그의 행동에는 스승을 이용하려는 저의가 깔려 있었기 때문이다 (23절).

신의 일이 아닌 사람의 일을 추구하는 베드로의 숨겨진 욕망은 그로부터 6일 후 황홀하게 변화된 스승의 모습에 도취하여 산상 거주를 전격 제안하는 비즈니스적的 수완에서 확인된다(17:1~4). 야고보와 요한의 모친이 두 아들의 입신양명을 예수께 부탁하다 거절당한 사건은 다른 제자들의 공분을 촉발시켰고 이에 내분을 우려한 예수님은 세속의 가치를 뒤엎는 천상의 원리, 즉 '섬기는 자가 큰 자'임을 밝힌 뒤 대속제물로서의 자기 죽음을 재천명함으로써 자신을 둘러싼 세속적 욕망들을 향해 종언을 고한다(마태복음 20:20~28).

---

*"베드로가 예수를 붙들고 간하여(에피티마오) 가로되 주여 그리 마옵소서……" (마태복음 16:22). 개역한글판 성경에서 "간하여"로 번역된 22절의 그리스어 동사 '에피티마오'는 '꾸짖다'는 뜻으로서 예수께서 바람과 바다를 꾸짖어 잔잔하게 할 때 (8:26), 귀신을 꾸짖어 축출할 때(17:18) 사용됐다.

이방 지식엘리트 마고스들에서부터 동고동락하는 애제자에 이르기까지 예수를 향한 인간 군상들의 탐욕 퍼레이드는 이렇게 복음서 전반에 걸쳐 계속된다. 사람들은 욕망을 채우기 위해 예수를 환영하고 따르다가 여의치 않으면 그를 떠나거나 배신하고 버렸다(마태복음 26:31~35, 56, 69~75). 신의 어린 양 예수는 연약한 제물이 되어 욕망의 칼날에 잔인하게 찔리고 찢기다 마침내는 십자가 형틀에 못 박혀 처참한 모습으로 죽임당했다. 그리스도는 그렇게 먹히셨다. 그리스도는 자신을 잡으러 온 사냥꾼들을 향해 제자가 뽑아 든 항거의 칼을 거두게 하고 사단급師團級 천사 동원권도 포기한다(마태복음 26:47~54). 구유에 누인 그 모습 그대로 아기 예수는 인간들에게 먹혔다. 이것이 그가 참 구주임을 증언하는 표적이다.

구유에 누인 아기, 인류의 소망

지식엘리트, 권력엘리트, 종교엘리트의 메시아 사냥은 2천 년 시공을 넘어 지금도 계속되고 있다. 오늘날도 세상에는 먹는 사람과 먹히는 사람이 있다. 부자와 권력자는 약자의 피와 살을 먹고 배 불린다. 약자를 핍박하고 멸시함으로 욕망의 배를 채운다. 약자는 그렇게 강자에게 먹히고 씹힌다. 그러나 강자들을 심판하고 약자들을 높이실 이가 오셨으니 그가 바로 구유에 누인 아기 예수다.

그의 팔로 힘을 보이사 마음의 생각이 교만한 자들을 흩으셨고
권세 있는 자를 그 위位에서 내리치셨으며 비천한 자를 높이셨

고 주리는 자를 좋은 것으로 배 불리셨으며 부자를 공수空手로 보내셨도다(누가복음 1:51~53)

상처받고 아파하는 약자의 마음에 오늘도 구주가 나서서 저들을 위로하고 구원해 주신다.

돋는 해가 위로부터 우리에게 임하여 어두움과 죽음의 그늘에 앉은 자에게 비취고(누가복음 1:78~79)

구유에 누인 연약한 아기에게서 인류의 소망의 빛이 비취고 있다.

「아기 예수와 목자들」 _ 뮤릴로(Bartholome Esteban Murillo, 1668년)

부록

01. 대한민국 민유방본民惟邦本 유감

정치 재벌, 종교 재벌은 그들의 존립 기반인 민초들을
그들의 금배지보다, 그들 종교의 성소보다
더 소중하게 생각하는가?

"제 딸이 전입한 덕수초등학교는 명문 학교가 아닙니다."

문재인 정부의 두 번째 교육부 장관에 임명된 유은혜 후보자가 청문회에서 딸 위장 전입 의혹과 관련하여 답변 중 한 말이다. 위장 전입을 해명하는 대목에서 굳이 하지 않아도 될, 아니 교육부 장관으로선 해선 안 될 말을 했다. 명문 학교가 아니다? 명문 학교가 아닌 학교로의 위장 전입은 괜찮다는 말인가.*

더 큰 문제는 소위 '명문 학교'의 정의다. 전 국민이 지켜보는 국회 청문회에서 교육부 장관 후보자가 공개적으로 언급한 명문 학교란 어떤 학교를 말하는가? '이름이 난 좋은 학교'란 사전적 정의에 준해서 보더라도 그의 답변은 교육부 수장이 국민의 대표 기관인 국회에서 입에 올릴 수 없는 금기어가 아닐 수 없다. 그가 맡을 교육 행정의 영역엔 명문 학교만 있지 않기 때문이다. 사회적 신분이나 지위가 높은 이들의 자녀들이 다니는 학교가 명문이라면 그렇지 않은 더 많은 국민의 자녀들이 다니는 더 많은 학교가 교육부 존재 이유이기 때문에라도 해선 안 될 표현이었다. 백성이 있어 임금이 있고 신하들이 있듯 수많은 '비명문 학교'가 있어 장관 자리에 앉게 됐다는 걸 모르는 것인가.

명문병病, 명문교敎
상궤를 벗어난 교육부 수장의 자기변명을 들은 그날로부터 한 달

---

*위장 전입은 주민등록법상 3년 이하의 징역이나 3천만 원 이하의 벌금에 처하는 중범죄에 해당한다. 2018년 현재의 덕수초등학교는 명문 학교라는 청문회 모 의원의 반박은 차라리 코미디다.

전쯤인 2018년 8월 10일 국민들은 교육부 관련 씁쓸한 소식을 이미 접했었다. 2016년 7월 '민중은 개돼지' 발언으로 파면됐던 나향욱 전前 교육부 정책기

획관이 파면 조치 불복 소송에서 최종 승소하여 교육부로 복직된 것이다. 국민의 정서에 배치된 판결이라는 거센 여론에도 나 전 기획관은 교육부 산하 중앙교육연수원에 발령됐다. 대한민국 상위 1%의 엘리트가 99%의 인민을 먹여 살린다는 그의 취중진담(?)에 온 국민이 분개했던 기억이 아직 생생한데 이번엔 그가 우리 아이들이 다니는 학교의 교장, 교감의 연수를 책임지는 자리에 앉는 걸 지켜보게 됐다. 사농공상의 봉건적 가치관에 함몰된 21세기 청맹과니 관료에게 이 나라 교육 정책을 일임해야 했던 몽매한(?) 백성들은 고위직 교원 교육이란 중책을 이렇게 또 그에게 맡겨야 하나 보다. 그가 99%의 인민들을 먹여 살릴 1%의 엘리트(명문대 출신 고시 합격자)이기 때문에?

이 글을 쓰는 동안에도 유사한 뉴스들이 연이어 올라온다. 2018년 7월 말, 숙명여고 교무부장의 쌍둥이 딸들이 각각 문과와 이과 전교 수석을 차지한 사실로 촉발된 시험 답안 유출 의혹은 경찰이 수사 중이다.* 지난 9월, 한국대학교육협의회가 국회에

---

*2020년 9월말 현재, 교무부장은 대법원에서 징역 3년형을 선고받아 복역 중이며 쌍둥이 자매에 대해서는 1심에서 징역 1년 6월, 집행유예 3년이 선고됐다.

제출한 자료에 따르면 2018학년 대학 입시에서 자기소개서 표절로 1,406명이 불합격 처리됐다. 2017년부터 사회적 이슈가 됐던 '대학교수 자녀 논문 공저자 등록' 의혹은 교육부의 감사 결과 사실로 드러났다. 이쯤 되면 내신 성적과 자기소개서에 대한 불신을 넘어 '학종'(학생부종합전형)의 존속을 재고해야 하는 상황이 아닐까?

대한민국 주류 사회의 비뚤어진 교육관을 여실히 보여 주는 위 사례들은 명문대 진학을 위해 학생과 가족이 부정과 불법을 공모했다는 점에서 충격적이다. 대한민국에서 명문대 진학은 곧 엘리트 사회로의 진입을 의미하고 이는 바로 신분 상승으로 이어진다는 우리 사회의 불문율은 학생, 학부모, 학교, 대학이라는 교육의 숭고한

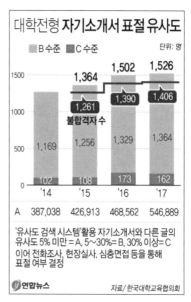

주체들을 탈법, 편법, 불법의 아노미적 일탈로 몰아가고 있다. 교육자로서의 최소한의 양심과 직업윤리마저 삼켜 버리는 '명문대병', 이 정도면 말기 암 수준이다. 회생 가능성이 보이지 않는다. 흔히 말하는 '좋은 대학', '좋은 학교'가 명문대, 명문 학교를 지칭한다면 이 나라의 수많은 비非명문 학교는 '나쁜 학교'이고 그 학교 학생은 나쁜 학생인가?

공부 잘하는, 즉 시험 성적 좋은 학생들이 들어가는 학교가 명

문 학교이고 그들이 엘리트라고 믿는 이 땅의 '명문교敎' 신도들에게 질문: '누가 엘리트인가? 명문대, 일류대 출신은 다 인재인가?' 미국 최고의 인재 양성 학교로 자타가 공인하는 필립스 아카데미의 건학 이념이 'not for self', 즉 '자신을 위해서가 아닌'이란 것은 소위 명문가 사회에선 상식에 속할 텐데 청문회장의 그 장관 후보자는 자기 자녀를 타자를 위해 사는 존재로 키우기 위해 위장 전입한 것인가. 미국 사회를 움직이는 특급 리더들을 배출해 온 240년 전통의 명문 사학은 인재의 개념 정립을 통해 명문대, 명문 학교를 다시 정의한다. 자기 자신이 아닌 타자를 위해 공부하고 일하고 살아가는 자가 인재이며 이들을 양성하는 것이 명문 학교의 존재 이유라는 걸 '명문대-고시' 스펙의 엘리트 관료는 모른단 말인가.

꼬마 구슬 재벌의 용단

자아실현이라는 교육의 본질에 정면으로 배치되는 반反교육적 용어들이 도대체 언제까지 우리 사회에서 99% 인민들을 향한 주홍 글씨처럼 오용돼야 하는가. "대한민국의 주권은 국민에게 있고, 모든 권력은 국민으로부터 나온다."라는 헌법 제1조 2항은 정치적 반대 세력 척결에만 인용되고, 공직자는 국민의 공복이라는 헌법 제7조 1항의 다짐은 임명장 속 활자로 묻히고 마는 것인가. 국민이 있어서 관료가 있고 정치인이 있고 대통령이 있다는 헌법 정신은 이 땅의 사이비 엘리트들에 의해 이렇게 무참히 짓밟히고 훼손되어야 한단 말인가. 무엇이 중요한가? 국민인가 그대들의 권력인가? 권력과 부의 단물에 취해 비틀거리는 이 땅의 또 다른 '나향욱들'에게 묻고 싶다. 교육자의 양심과 명문대 진학, 엘리트로서의 사명과 특권…… 대체 무엇이 더 중요한가?

　한 명의 부자가 있기 위해서는 오백 명의 가난뱅이가 있지 않으면 안 된다. _애덤 스미스

　빈자에 대한 부자의 사회적 책임을 강조하는 '노블레스 오블리주' 정신을 표방하는 애덤 스미스Adam Smith의 말은 부자의 존립 기반이 가난한 자들임을 상기시킨다. 이 말을 가난한 자들에게 베풀며 살라는 의미 정도로만 이해하는 건 곤란하다. 생태학자 최재천은 베풂이 자연 생태계 유지의 원리임을 어린 시절 경험을 통해 설명한다. 동네 아이들의 구슬을 싹쓸이하던 소년은 언제부턴가 외톨이 신세가 됐다. 아이들이 구슬치기를 거부하기

때문이었다. 자신을 빼놓고 자기들끼리 노는 것이었다. 구슬을 독차지한 채 외톨이가 될 것인가, 아니면 나눠서 같이 놀 것인가. 사태의 심각성을 알아챈 꼬마 '구슬 재벌'은 마침내 용단을 내린다. 구슬 창고를 열어서 친구들에게 100개씩 나눠 주었더니 그제야 다시 놀 수 있었다고 한다.

　축적은 고립을 초래하고 베풂은 손해가 아니라 도리어 자신에게 유익이라는 이치를 소년은 그때 알았다. 자신이 구슬 재벌이 된 건 구슬을 잃어 준 친구들 때문이란 사실을 깨달은 최재천의

유년 시절 경험은 부자와 빈자, 강자와 약자가 공생의 관계임을 명징한다. 독불장군이다. 1등은 2등 이하가 있기에 가능하다. 1%의 엘리트가 99%의 대중을 먹여 살리는 게 아니라 99%의 대중이 1%의 존립 기반이다.

　개척 목회를 접고 생계를 위해 시작한 어린이집은 이젠 내게 무엇보다 소중한 사명의 장이 되었다. 아이 하나하나, 학부모 한 분 한 분이 내 존립 기반이기 때문이다. 그들이 없었다면 실패한 목사는 가족들과 먹고 살아가기 힘들었을 것이다. 그들이 우리 어린이집에 와 주지 않았다면 내 학업도, 집필 사역도 불가능했을 것이다. 그래서 그들은 내게 소중하다. 너무 소중해서 허투루 대할 수 없다. 자기 목숨보다 귀한 자녀를 맡겨 준 그 신뢰가 너무 고마워서 납입금을 한 푼이라도 허투루 쓸 수 없다. 고맙고 소중한 이유가 지나치게 실용적이란 혹자의 비판엔 이렇게 되묻고 싶다. 그런 실용성마저 기대하기 어려운 이 시대의 학력 재벌, 권력 재벌에겐 과연 무엇이 소중한가? 이 나라의 정치 재벌, 종교 재벌들은 그들의 존립 기반인 민초들을 그들의 금배지보다, 그들 종교의 성소보다 더 소중하게 생각하는가?

민유방본民惟邦本, 백성이 나라의 근본이라는 선현의 가르침은 그들에겐 정녕 훈장님 잠꼬대 같은 것인가?

02. 성격 차이와 부부1

다둥이 가정을 이룬 부부의 비결:
'다르니까 좋더라.'

또 성격 차이! 일명 '송-송 커플'로 알려진 배우 송중기 송혜교 부부가 2019년 6월 27일 법률대리인을 통해 법원에 이혼조정신청서를 내면서 밝힌 이혼 사유다. '둘의 다름을 극복하지 못해 부득이하게 이런 결정을 내리게 됐다'는 부연 설명이 첨부됐다.

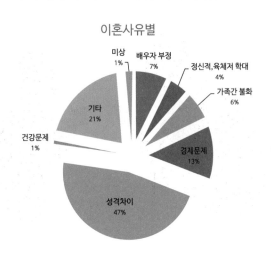

이혼사유별

주민센터에 제출한 혼인신고서의 잉크가 채 마르지도 않은 신혼부부의 번개 이혼도 성격 차이, 결혼한 지 40년 넘은 부부의 황혼 이혼도 성격 차이. 일반인은 물론이고 재벌가나 톱스타 같은 유명인들의 이혼 사유에서 성격 차이가 매년 1위를 차지한다.* 이쯤 되면 성격 차이는 대한민국 부부들을 덮치는 쓰나미라 해야 할 것 같다. 그 위력이 얼마나 대단하면 한류 스타 커플마저 결혼 1년 8개월 만에 무릎을 꿇었을까. 성격 차이가 얼마나 힘들었으면 손주까지 있는 할머니가 지긋지긋한 결혼 생활에 종지부를 찍어 달라고 판사 앞에서 눈물로 호소했을까.

---

*2014년 한 해 이혼 10만 5천여 건 중 성격 차이로 인한 이혼은 약 47%인 4만 9천여 건: 대법원 통계

성격 차이의 위력

성격 차이의 가공할 위력을 필자만큼 겪은 이가 또 있을까. 우리 부부는 달라도 너무 다르다. 우선 외모부터가 극과 극이다. 계란형 얼굴에 반곱슬의 머리카락, 긴 목에 오뚝한 콧날과 작은 입, 뒤로 넘어간 이마에 평평한 뒤통수, 날개 모양 겉눈썹…… 이런 남편과 정반대로 둥근 얼굴에 직모, 짧은 목에 아담한 콧등과 큰 입, 암팡지게 두툼한 앞이마와 뒤짱구, 둥근 겉눈썹을 가진 아내는 식습관이나 생활 습관은 물론이고 취미와 성격도 다르다. (남편/아내): 계란 프라이 완숙/계란 프라이 반숙, 자른 김치/긴 김치, 안 매운 음식/매운 음식, 푹 익힌 양배추/덜 익힌 양배추, 국물에 밥 말기/안 말기, 식사 후 정리/정리 후 식사, 식후 디저트 No/식후 디저트 Yes, 옆으로 취침/엎드려 취침, 기상 알람 필요/불필요(아내는 자동 기상), 사우나 안 좋아함/좋아함, 조용한 음악 선호/경쾌한 음악 선호, 윷놀이 배드민턴 즐김/안 즐김…… 이 외에도 다른 점이 너무 많아 일부만 나열했다. 우리 부부의 사례를 익명으로 학생들에게 알려 주고 결혼 생활의 행복 여부를 물었다. 절반가량이 부정적이었다. 저 정도로 다르면 사사건건 부딪쳐 원만한 결혼 생활이 어려울 것이며 만약 자신들의 상황이라면 결혼 생활을 이어갈 자신이 없다는 의견들이었다.

신혼여행 후 첫 출근 날 아침, 신랑을 위해 차려 준 밥상을 보고 난 아연실색했다. 김치와 양배추, 시금치나물이 길고 긴 원시의 자태로 누워 있었고, 계란 프라이를 담은 접시엔 노오란 액체가 흥건했다. 이렇게 먹어 본 적이 없다고 당황해하는 신랑에게 미소를 머금은 아내의 말: "원래 김치나 나물은 손으로 지~~익

지~~익 찢어 먹는 게 더 맛있어요. 그리고 계란 노른자는 생으로 먹어야 더 고소하고 영양이 많은 거예요." 밥 위에 올려진 긴 김치와 생애 첫(?) 반숙 프라이로 기억에 남을 신혼의 아침 식사를 마친 이후 우리 집 밥상은 그렇게 철저히 '아내화化' 되었다. 깨소금 쏟아지는 신혼 생활에선 서로 다른 식습관과 생활 습관으로 인한 파열음이 끊이지 않았다.

처음엔 페트병 밟는 정도였던 파열음은 점점 커져 때론 접시 깨지는 소리가 되더니 어떨 땐 와장창 항아리 부서지는 소리가 집안을 뒤흔든다. 배고픈 걸 못 참는 남편은 퇴근 후 집에 와서 씻기 전에 밥을 먹곤 하는데 기아飢餓의 달인인 아내는 샤워하고 머리 말리고 빨래 정리까지 다 마친 후에야 밥상에 앉는다. "씻지도 않고 밥이 넘어가?" 식후 포만감에 젖어 소파에서 뉴스를 보고 있는 남편을 향한 아내의 일갈은 파열음을 넘어 총성(?)이 울릴 것을 예고했다. 그리고 예고대로 얼마 안 지나 총성이 울렸고 총상을 입은 부부는 깊은 상처로 한동안 서로 소원해졌다. 부부의 심상心傷은 이윽고 그들의 심상心狀에 파국의 암영을 드리웠다: '이렇게 안 맞는데 같이 살아야 하나?'

성격 차이는 이혼 사유?

우리의 신혼 생활은 그렇게 깨 볶는 소리와 파열음이 교차하는 웃음과 울음, 사랑과 미움의 변주였다. 위태로운 순간도 있었지만 우리 부부는 결혼 30주년 기념 여행을 설렘 속에 계획하고 있다. 학생들의 말이 맞다. 부부가 너무 다르면 같이 살기 힘들다. 시시각각 다름으로 빚어지는 충돌은 장밋빛 결혼 생활에 먹구름을 드리운다. 안식처이어야 할 가정에 벼락 치는 소리까지……. 이런 결혼 생활을 유지해야 하는 건가? 신께서 중매를 잘못하신 건 아닐까? 혼돈과 갈등의 겟세마네 동산을 얼마나 자주 올랐는지 모른다. 하지만 혼돈은 창조의 모판이듯, 갈등과 위기는 새로운 출발의 기회이듯, 그리고 비온 뒤 땅이 더 굳어지듯 4년 전 결혼 25주년을 맞아 사 남매가 건네준 축하 카드에 적힌 한마디가 우리 부부의 애정도愛情度를 노정한다: "축! 형숙(부부 이름의 이니셜)이가 지지고 볶은 25주년을 축하합니다!"

다르면 힘들다. 살아 보니 그렇다. 부인하지 못한다. 그런데 돌이켜 보면 힘들기만 하지 않았다. 은근 재미…… 아니 흥미롭다. 한 여학생이 자기 부모님의 다름의 경지(?)를 사례를 들어 설명한다. 가족끼리 외식을 가기로 했는데 식당을 정하는 데까진 큰 문제가 없었단다. 문제는 엉뚱한 곳에서 발생했다. 자가용이 없는 터라 대중교통을 이용해야 하는데 지하철로 가자는 아빠와 버스로 가자는 엄마의 주장이 충돌한 것이다. 빠른 지하철이냐 풍광이 있는 버스냐를 놓고 벌어진 설전 끝에 결론은…… 각자 가기로 했단다. 누나인 학생은 엄마 따라 버스로, 남동생은 아빠 따라 지하철로 각각 이동해서 식당에서 만났다는 웃픈 실화. 강의

실 여기저기서 와, 피식, 탄성과 실소가 터져 나왔다. 저 정도까진……, 다름의 초고수 부부에 잠시 말잇못. 정신을 가다듬고 조심스레 물었다. "학생이 보기엔 부모님이 불행한 결혼 생활을 이어간다고 생각하나?" 달라도 살 만하다, 아니 달라야 살맛 난다, 라는 결론을 내고픈 질문의 의도를 눈치챈 걸까. 학생이 또렷한 어조로 말했다: "제 부모님은 서로 많이 다르시지만 각자 자기 분야에 열심히 종사하시고 좋은 가정을 일구어 주셨습니다."

"정답!"이라고 외치고픈데 한 남학생이 진지한 표정으로 입을 뗀다. "저희 부모님은 저 학생 부모님관 반댑니다. 취미 성격 습관이 아주 비슷합니다.", "그래요! 그럼 서로 부딪히실 일이 없겠군요.", "예, 두 분이 말다툼하신 걸 본 적이 없어요.", "화목한 가정이네요.", "그런데 전 저 학생 가정이 부럽습니다." 남학생이 토로한 부러운 이유는 그날 강의의 결론이 되어 주었다: "집에 가면 절간처럼 조용합니다." 차이와 다름이 없는 평온함이 그에겐 따분함이었다. 갈등과 충돌이 없는 집안 분위기를 화목이 아닌 적막함으로 인식하고 다름의 파열음이 끊이지 않는 가정을 차라리 동경한다는 학생의 고백은 미국 미시간대학 연구팀의 한 연구 결과를 상기시킨다. 17년간 192쌍 부부의 수명을 추적, 분석했는데 부부 싸움을 안 하는 부부(A)보다 하는 부부(B)가 더 오래 살았다고 한다.*

---

*17년 사이 부부 중 한 사람 또는 두 사람이 사망한 확률이 A는 약 50%, B는 약 25%

대추가 저절로 붉어질 리는 없다
저 안에 태풍 몇개
천둥 몇개, 벼락 몇개

천둥과 번개가 요란하면 붉은 대추가 영근다고 했던가. 벼락 치고 천둥소리 요란한 밤이 지나면 탐스러운 결실이 맺히는 자연의 섭리가 만물의 영장인 인간의 가정사를 비껴갈 리 없다. 다름의 극단까진 아니지만 절반의 학생이 포기할 만큼 너무도 다른 우리 부부는 남들이 부러워하는 다둥이 가정을 이뤘다. 비결을 묻는 이들에겐 이렇게 말해 주고 싶다: "다르니까 좋더라!"

03. 성격 차이와 부부2

나와 다른 아내를 보면 지금도 끌리는 건
자연스럽고 인간적인 '자기장 사랑' 아닐까?
'달라서 좋다!'

외모, 성격, 취향, 습관(식습관과 생활 습관)...., 달라도 너무나 다른 우리 부부의 다산 비결은 '다르니까 좋더라?' 결혼 초 자녀 계획을 5명으로 잡았었는데 살다 보니 4명에 그친 것이 지금도 천추의 한(?). 신혼 시절부터 패트병 밟는 소리, 접시 깨지는 소리를 넘어 항아리 부서지는 소리까지 온갖 파열음이 잦았던 부부가 다산이라. '19금' 수위를 넘지 않는 선에서 비결을 밝힌다면, '다

르니까 끌리더라'. 자석은 N극과 S극끼리 붙는다. 다른 극끼리 붙고 같은 극은 붙지 않는 자기장의 원리는 우주의 원리, 인생의 원리이며 부부의 원리다. 다르면 서로 당긴다. 아니 달라야

당긴다. 그래서 매력이라 하지 않는가. 계란형 얼굴에 곱슬머리의 필자는 아내의 둥그런 얼굴과 비단결 같은 직모가 좋다. 결혼 30년을 맞는 지금도 아내의 보름달 얼굴과 직모는 여전히 내 눈길을 당긴다. 다르니까 당기고 당기니 접촉하고 그다음엔…….

근친혼의 폐해

생명 잉태의 시발은 접촉, 곧 맞닿음이다. 암컷과 수컷의 교미, 식물의 교배, 정자와 난자의 수정은 모두 맞닿음의 향연이다. 서로 다른 것들이 접촉하여 새 생명이 움튼다. 같으면 밀어내고 다르면 당기는 것이 자연의 이치라는 건 여러 학설과 연구를 통해서

도 증명된다. 유전학적으로 근친상간 신생아의 사망률은 두 배가 높고 소인증, 지적 장애, 농아 장애, 심장과 결장結腸 이상 등 유전적 결함 확률은 열 배나 높다. 서로 밀어내는 것들의 강제 접촉으로 자연의 순리를 거스른 결과다. 그래선가. 모든 영장류 동물은 본능적으로 근친상간을 피한다. 번식기를 앞둔 원숭이, 고릴라, 침팬지는 자기가 태어나서 자란 집단을 떠나 다른 집단에 합류한다. 이른바 '족내혼'으로 인한 열성 형질 유전을 차단하려는 행동인 것이다. 떠나지 않고 집단에 잔류하는 개체들은 어릴 적부터 가깝게 지내 온 이성의 성적 제스처를 배척한다고 한다.

핀란드의 인류학자 웨스터마크E. A. Westermarck가 1891년 발간된 그의 저서 『인간 결혼의 역사』에서 근친결혼을 기피하는 인류 사회의 현상을 학계 최초로 보고한 이후 이와 관련된 연구들이 속속 진행됐다. 스탠퍼드대의 인류학자 울프A. P. Wolf는 대만의 민며느리 전통에 관한 연구를 통해 유사 근친혼의 실태와 폐해를 밝혀냈다. 혈연관계가 없는 여아를 입양하여 성장 후 며느리로 삼는 민며느리제의 당사자 여성 1만 4천여 명을 대상으로 한 조사 결과는 놀라웠다. 민며느리제 부부는 정상 부부와 비교해 이혼율이 세 배나 높았고 자녀 수는 40%에 불과했으며 아내의 불륜 건수도 일반 부부와 비교해 두 배 반에 달했다. 민며느리제 부부는 혈통적으로 근친이 아닌데도 근친혼과 유사한 결혼 생활 패턴을 보인 것이다.

다름이 결혼의 생물학적 윤리적 토대라는 건 이스라엘 집단 농장인 키부츠의 사례에서도 확인된다. 거주 농업 공동체인 키부츠에서는 여러 가족의 아이들이 탁아소에서 한 형제자매처럼 지내

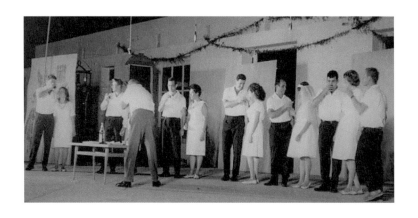

면서 성장한다. 1971년 인류학자 셰퍼J. Shepher의 발표에 따르면
그가 조사한 키부츠 출신 신혼부부 2,769쌍 중 동일한 공동체 출
신은 단 한 쌍도 없었다. 모두 다른 키부츠 출신과 결혼했다는 말
이다. 동일 키부츠 내 이성 교제나 스킨십을 금지하는 규율이 있
는 것도 아닌데 조사 결과에는 같은 키부츠 출신 커플이 없었다.
'웨스터마크 효과Westermarck effect'라고 평가되는 이와 같은
일련의 연구 결과와 관련하여 생물학자 에드워드 윌슨Edward O.
Wilson은 이렇게 말했다.

> 인간의 뇌가 다음과 같은 어림 규칙을 따르도록 프로그램돼 있
> 다고 말해야 할 것이다. "네 삶의 가장 초기에 네가 친밀하게
> 알고 지냈던 사람에 대해서는 성적인 관심을 끊어라.

근친혼을 기피하는 인간의 본능적 성향은 인류 역사에서 광범
위하게 나타난다. 선사 시대에는 근친상간을 식인 풍습, 흡혈귀,
마녀와 연관된 것으로 간주해 터부시했고 이런 성향은 선사 시대

이후에도 이어진다. 근대에 이르러는 근친상간을 막는 법이 제정되기도 했는데 1650년부터 약 10년간 영국에서는 근친상간을 사형으로 처벌했으며 19세기 스코틀랜드에서는 근친상간 당사자들을 사형에 준하는 중벌로 다스렸고 미국에서는 벌금 또는 징역형에 처했다.

강력한 처벌과 법 제정은 그러나 범죄의 흉포화와 만연을 역설적으로 보여 주듯, 인류 사회 전반에 걸쳐 나타나는 근친상간 기피 내지는 억제 경향은 근친상간과 근친혼이 횡행했다는 반증이 아닐까. 실제로 고대 잉카 족과 고대 이집트를 비롯해 아프리카 우간다, 수단 등의 여러 부족에서는 근친상간 풍습이 주로 귀족이나 지배계급을 중심으로 허용됐다. 로마와 이집트에선 기원후 4세기 초까지 평민 사회에서도 형제자매간 결혼이 빈번했다는 기록이 있다. 우리나라의 경우 팔촌 이내 인척간 혼인을 법으로 금하고 있지만 삼국 시대 이후 조선 시대에 이르기까지 주로 왕실과 귀족계층에서 근친혼이 행해졌었다.

근친혼으로 인한 열성 인자 유전은 인간뿐 아니라 동물의 근친교배에서도 나타난다. 2018년 대구 · 광주 · 전주 · 청주시는 시립 동물원 내 동물들의 근친교배를 막기 위해 동물원 간 동물 교환 협약을 맺었다. 최근 대구 달성공원에서는 근친교배로 인해 홍부리황새 한 쌍이 낳은 11개 알 중 단 1개만 부화했으며 다리가 꺾이거나 날개가 처지는 기형도 종종 발생한다고 한다. 포유류도 예외가 아니어서 1999년 서울동물원에서 근친교배로 태어난 시베리아 수컷 호랑이 '뒹굴이'는 선천적 사시였고 걸음걸이가 불편했는데 18세인 2017년, 같은 우리에 사는 암컷의 공격으로 꼬리에 큰 상처를 입고 전신패혈증으로 이틀 만에 급사했다. 뒹굴이는 번식에도 실패해서 새끼를 보지 못했다고 한다.

지난 2015년 콜롬비아 정부 발표에 따르면 안티오키아 지역의 도시 야루말의 주민 90%가 알츠하이머로 판명됐는데 300년간 이어진 폐쇄적 혼인 관습, 즉 근친혼이 원인으로 밝혀져 충격을 주고 있다. 해발 2200m가 넘는 고지대라는 지리적 폐쇄성 등의 이유로 족내혼이 성행했고 그 결과 14번 염색체 이상으로 인한 '파이사 돌연변이Paisa Mutation'가 알츠하이머 집단 발병의 원인이라는 게 정부 조사단의 결론이다.

야루말시(Yarumal city)

고대 이집트의 프톨레미 왕조, 신성로마제국의 합스부르크 왕가, 러시아의 로마노프 왕가 등 강성 왕족 몰락의 원인이 근친혼으로 인한 열성유전병이라는 게 학계의 정설이다. 로마노프 가문의 아들들은 혈우병을 앓았고 합스부르크 자손들은 간질, 통풍, 수종에 시달렸다. 순수 혈통을 보존하려는 왕가의 욕망이 오히려 가문의 멸절을 초래한 것이다.

아이의 아버지는 자신의 사촌
누이의 딸과 결혼해서 6남매를
낳았지만 네 자녀가 모두 만 6세
이전에 사망했다. 남은 자식 중
넷째인 아이는 훗날 이복 누이의
딸과 염문을 뿌린다. 친조카 외에
도 그와 스캔들이 난 여인들 대부
분이 자살 또는 의문사한다. 절대 권력자인 그 넷째의 성불구 사
실이 탄로 날 것을 우려한 계획적 살해였단 소문이 그의 사후 70
여 년이 지난 현재까지도 끊이지 않는다. 그 넷째는 아돌프 히틀
러. 인류 역사상 최악의 인종 말살 범죄자는 근친혼으로 생산된
열성유전 질환자였던 것이다. 다르면 맞닿고 같으면 밀어내는 자
기장 원리는 자연계와 인간사를 관통하는 대칙이다. 그 대칙을
거스른 결과는 실로 끔찍했다.

나와 다른 아내를 보면 지금도 끌리는 건 그래서 자연스럽고 인
간적인 '자기장 사랑' 이 아닐까? '달라서 좋다!'

04. 성격 차이와 부부3

'이제 난 당신의 다리가 됐고
당신은 내 눈이 됐구려.' 이게 부부다.
'차이 나는 부부.'

내 주변에 아무리 봐도 당신만 한 여자가 없어.

안치환의 노래 '아내에게'의 한 대목인데 실은 필자의 고백이기도 하다. '결혼 30년 차 부부가 무슨 이런……' 닭살 돋는다며 인상을 찌푸려도 어쩔 수 없다, 사실이니깐. 와이프가 대단한 미인이냐고? 물론 아니다. 매일 저녁 수라상을 차려 주냐고? 언감생심! 그럼 아직도 콩깍지가 씌었냐고? 콩깍지, 그건 허니문 용어 아닌가. 30년을 부대꼈는데 콩깍진 무슨……. 아내만 한 여자가 없다는 건 30년을 함께 산 경험에서 나온 결론이기에 부인할 수 없다. 그냥 당긴다. 달라서 당기는 자기장의 원릴 어쩌란 말인가. 그저 자연의 이치에 순응한 것이니 닭살도 콩깍지도 적합한 수사는 아닌 것 같다.

아내는 여전히 노랑물 흐르는 반숙 계란 프라이를 좋아하고 막 담근 한 뼘 반 길이의 장대한 겉절이를 두 손으로 찢어 먹는다. 필자의 식습관 역시 바뀌지 않아서 우리의 밥상엔 안 잘린 김치와 잘린 김치, 반숙 프라이와 완숙 프라이가 따로따로, 같이 오른다. 일명 '따로 또 같이 밥상'. 이 글을 쓰는 어느 날, 저녁 밥상을 차린 아내는 남편을 식탁에 혼자 두고 안방 건넌방 정돈에 이어 냉장고 정리까지 나선다. 남편은 혼밥 아닌 혼밥 신세. 이젠 적응이 됐는지 쓱쓱 싹싹, 우당탕퉁탕…… 아내의 요란한 정리 정돈 소릴 들으며 무사히(?) 식사를 마쳤다.

복제 인간과 살면 어떨까?

다르면 뭐가 좋은 걸까? 다르면 왜 좋은지는 앞의 두 개 칼럼에서 개관했다. 남녀가 자신 과 외모 성격 취향이 다 른 이성에게 끌림, 즉 매 력을 느끼는 생물학적 현상과 그 윤리적 의미 를 자기장의 원리를 토 대로 확인했다. 물론 혹 자의 말대로 매력은 때  자의 말대로 매력은 때

때로 증오의 불씨가 되기도 한다. 하지만 남녀 특히 부부 사이에 서 매력은 관계를 지탱하는 보루와 같다. 당김이 없는 사람과 같 이 살 수 있을까? 매력을 느끼지 못하는 상대와 하루를 한 달을, 아니 1년, 나아가 일생을 함께할 수 있을까? 나와 똑같은 복제 인 간 같은 사람에게 매력을 느낄 수 있을까? 그럴 거 같진 않다. 다 르니 끌리고 끌리니 지지고 볶으며 30년을 살아올 수 있었다고 자평한다.

부부가 다르면 살아가는 데 구체적으로 어떤 면에서 좋은 걸 까? 우선 다르면 서로 보완이 된다. 내성적인 성격의 남편은 활달 하고 적극적인 아내로부터 삶의 활력을 공급받는다. 덜렁이 아내 는 내성적이지만 꼼꼼한 남편 덕분에 놓치기 쉬운 소중한 삶의 소품들을 챙길 수 있다. 도전 정신과 추진력이 좋은 아내는 소심 한 남편의 결정 장애를 때론 시원하게 돌파하고, 분석과 논리에 능한 남편은 허상과 허풍으로 끝날 수 있는 아내의 계획과 도전 에 탄탄한 논거를 마련해 준다. 운동을 좋아하는 남편은 책상머 리에 붙어 앉아 요통과 목 디스크로 시달리는 아내를 위한 최고

의 개인 트레이너이며, 독서광 아내의 해박한 지식은 운동 외엔 취미가 없는 남편을 위한 최고의 개인용 백과사전이다.

달라서 당기는 부부는 이렇게 서로를 보완한다. 손깍지를 연상해 보자. 오른손과 왼손을 맞대고 잡으면 오른손은 왼손 손가락 사이를, 왼손은 오른손 손가락 사이를 채운다. 오른손은 왼손의 부족한 부분을, 왼손은 오른손의 부족한 부분을 보충해 준다. 부부는 그래서 손깍지 관계다. 남편의 단점을 아내가 장점으로 가졌고 아내의 단점을 남편이 장점으로 가졌다. 마치 톱니바퀴가 서로 정교하게 맞물리듯 남편과 아내는 이렇게 서로를 보완한다. 친화력 있는 아내 덕분에 남편은 다양한 부류의 사람들을 만나서 삶의 스펙트럼을 넓힐 수 있고, 섬세하면서 치밀한 논리력을 갖춘 남편 덕분에 아내의 도전과 모험은 성공률을 높일 수 있다.

달라서 좋다

'다름'은 '틀림wrongness'이 아니라 '차이difference'이기에 부부간의 다름은 비난이나 불평의 대상이 아니라 채움과 누림의 기회다. 왜 여자가 덜렁거리냐고, 왜 남자가 쪼잔하냐고 비난할 필요 없다. 내가 보완하면 된다. 그 여자의 덜렁거림이 씩씩하고 활력 있는 모습으로 다가와서 좋았고 끌렸고 그래서 결혼했는데 이제 와서 무슨 불평? 그 남자의 자상하고 예의 바름에 끌려 '인생

사전辭典'에도 없던 결혼을 본인이 결행해 놓고 이제 와서 스토커 같다고? 영원한 장점도 영원한 단점도 없다는 인생의 대칙을 놓고 보면 저 여자의 덜렁함은, 저 남자의 치밀함은 나와 달라서 나를 당겼던 매력이다. 그 다름이 둘을 잡아당겨 맞닿게 했다. 그렇게 부부가 됐다.

그런데 살다 보니 그 다름이 힘들게 하고 인내의 한계를 벗어나 수용 불가 상황으로 치닫게 하곤 한다. 상황에 따라 장점이 단점으로 작용하기 때문이다. 같이 살다 보니 그런 상황이 발생하고 그래서 매력이 미움의 씨앗이 되기도 한다. 생각을 바꿔 보자. 다름은 내가 그에게, 그녀에게 이끌렸던 마력과 같은 것. 그 마력을 한 번 더 믿고 참아 보면 마법 같은 현상이 나타난다. 내 안에 무언가가 채워지고 단단해지는 걸 느끼게 된다. 비었던 내면세계가 충일해지는 신비한 경험을 하게 될 것이다. 톱니바퀴가 서로 맞물려 엄청난 동력을 만들어 내듯, 손가락이 손가락 사이를 메꿀 때 결코 떨어지지 않듯 서로를 당기는 그 다름을 향해 자신을 열면 다름은 나를 채워 주고 나를 붙들어 보다 단단하고 성숙한 자아로 발돋움할 수 있게 한다.

유명 배우 ○○○, 결혼 ○년만의 파경, 사유는 성격 차이

포털 사이트에 올라오는 유명인들 이혼 관련 단골 기사 제목을 볼 때마다 안타깝다. 성격 차이는 안 살 이유가 아니라 살 이유이기 때문이다. 달라서 끌렸고 끌려서 결혼했는데 이젠 달라서 못 살겠단다. 부부가 다르면 아픈 곳도 약한 곳도 다르다. 치아가 약

한 남편은 건치健齒 아내가 잘라 밥 위에 얹어 준 총각김치를 즐길 수 있다. 시력이 나쁜 아내는 운전에 특화된 건안健眼 시력의 전용 기사가 모는 차를 타고 그토록 좋아하는 전국 드라이브를 30년째 즐기고 있다. 달라서 도울 수 있고 보완할 수 있는 것이다.

성격 차이는 같이 살 이유

찰떡궁합은 같음이 아닌 다름에 방점이 있다. 소고기와 깻잎이 찰떡궁합인 이유는 소고기에 없는 비타민 A와 C를 깻잎이 보충해 주기 때문이다. 부추는 된장찌개의 염분을 중화해 인체 밖으로 배출하는 데 도움을 주는 칼륨이 풍부해서 된장찌개와 찰떡궁합이다. 구수하지만 짠 된장의 한계를 부추가 보강해 주는 것이다. 부족한 걸 채우고 약한 부분을 보강하는 찰떡궁합 커플은 이렇게 서로 다르다. 아니 달라야 한다. 같으면 보충도 보강도 불가능하다. 이 시각에도 성격 차이로 고민하는 커플들에게 외치고 싶다: "성격 차이는 같이 살 이유입니다!"

흔히 가정은 사회의 기초라고 한다. 가정의 기초가 부부이니 부부는 사회와 국가의 기초다. 그러므로 부부가 다른 만큼 사회와 국가는 서로 다른 가치관을 가진 다양한 구성원들로 형성된다. 다양성이 실종된 전체주의 사회의 참혹한 결말이 인류사에 기록돼 있지 않은가. 인체는 좋은 균들만으로 건강이 유지되는 게 아니다. 우리가 잘 아는 일명 '나쁜 콜레스테롤LDL'은 혈관 건강에 좋지 않다고 알려져 있지만 그렇다고 모두 제거해야 한다는 얘긴 못 들어 봤다. 오히려 적당한 수준으로 유지해서 '착한 콜레스테롤HDL'과의 균형을 맞추는 게 건강의 지름길이라고 한다. '다름'은 제거의 대상이 아니라 공존의 파트너다.

맹인 남편이 산책길에 발목을 삐끗한 아내를 등에 업으며 말했다.

"이제 난 당신의 다리가 됐고 당신은 내 눈이 됐구려."

이게 부부다. '차이 나는 부부!'

05. 산타와 울음

우리의 최고 스승은 슬픔이다.
사람은 망원경보다 눈물을 통해 더 멀리 볼 수 있다.

해마다 12월이 되면 들려오는 캐럴 가운데 〈울면 안 돼〉란 노래가 있다.

> 울면 안 돼 울면 안 돼
> 산타 할아버지는 우는 아이에겐
> 선물을 안 주신대

연말이 다가오면 유명 가수들이나 연예인들이 자기 버전으로 가장 많이 부르는 곡이기도 하다. 그런데 그 많은 캐럴 중에서 유독 이 노래가 많이 불리는 이유는 무엇일까? 산타 할아버지의 선물에 대한 기대감 때문일까, 연말 특수를 노린 기업과 방송사들의 비즈니스 수완인가. '성탄절' 하면 가장 먼저 떠오르는 인물 1위가 산타 할아버지라고 하니 그럴 만하겠다는 생각이 들지만 노래의 인기 비결엔 또 다른 이유가 있는 것 같다. 일명 '우는 아이 길들이기' 전략. 말 안 듣고 떼쓰는 아이들을 길들이기에 이보다 더 좋은 방법이 없다. 울면 선물을 안 주신다는 산타 할아버지의 단호함에 아이는 어쩔 수 없이 입을 닫고 눈물을 닦아야 하지 않겠나. 며칠 전 어린이집 등원 차 안에서 아이가 울길래 이 노래를 틀어 줬다.* 울음이 잦아든 아이에게 "거봐! 좀 있으면 산타 할아버지가 오시는데 ○○처럼 우는 아이에겐 선물을 안 주신대요." 하고 아이의 울음보를 봉인해 버렸다.

---

*요맘때 가장 효과 만점인 이 노래는 노란 차 기사들의 필수 아이템이다.^^

울면 안 돼?

하지만 그날 이후로 이 노련한 기사의 뇌리에 의문이 싹트기 시작했다. 아이의 울음보를 막는 데는 효과적인 노래이지만 아이의 정서 발달에 안 좋은 영향을 미치진 않을까? 지각이 발달하는 시기부터 이 노래를 듣는다면 아이들에게 울음이 부정적인 이미지로 각인되는 건 아닐까?

> 산타 할아버지는 알고 계신대
> 누가 착한 앤지 나쁜 애인지
> 오늘 밤에 다녀가신대

우는 건 나쁜 것, 우는 아이는 선물 못 받는 나쁜 아이라는 뉘앙스의 노래를 반복해서 듣고 부르면 울음과 눈물은 나쁜 것이라는 인식이 아이들에게 굳어질 수 있다.* 떼쓰는 아이를 손쉽게 길들이려는 어른들의 안일한 대처가 동심을 왜곡시키진 않는지 돌아볼 필요가 있지 않을까? 매해 연말에 "울면 안 돼"를 들으며 자리 잡힌 유아기의 반反눈물 정서는 취학 후 인기 애니메이션 "들장미 소녀 캔디"의 주제가를 부르면서 울음에 대한 반감으로 고착화할 위험성(?)이 있다.

---

*이 노래의 원곡인 영어 가사는 우는 아이가 나쁜 아이라는 뜻이 아니다. 성탄의 기쁨을 전하는 산타의 방문을 울음을 멈추고 기다리자는 내용이라고 할 수 있다. 따라서 우는 아이는 나쁜 아이라는 뉘앙스의 우리말 가사는 적절한 번역이라고 보기 어렵다.

외로워도 슬퍼도 나는 안 울어~ 참~고 참~고 또 참지 울긴 왜
울어~

넘어지면 우는 게 정상이다. 아파도 슬퍼도 울지 않는 아이의
정서는 어떨까? 인간은 본래 울면서 태어난 존재가 아닌가? 분만
실의 울지 않는 신생아는 산모의 품에 안기지 못한다. 응급실로
옮겨야 하기 때문이다. 『동의보감』에는 아기의 울음소리가 길고
계속 이어져야 폐가 건강하고 장수한다고 적혀 있다. 울어야 '산
아기'다. 우렁찬 울음소리로 존재감을 과시하며 세상에 태어난
인간이 유년기를 거치고 소년기를 지나오면서 울음을 터부시하
게 된 건 아닌지 모르겠다.

우는 사람이 복자福者

인터넷을 조금만 검색해 보면 눈물이나 울음의 긍정적 효과에 대
한 정보들이 가득하다. 눈물에는 양파 껍질을 벗길 때 흘리는 반
사적 눈물, 감정과 관련된 정서적 눈물이 있는데 정서적 눈물은
반사적 눈물보다 건강에 유익하다는 것이 학계의 정설이다. 영국
의 정신과 의사 헨리 모즐리는 '눈물은 신이 내려 준 치유의 물'
이라며 눈물의 치유 능력을 갈파했다. 눈을 깜빡일 때 분비되는
극소량의 눈물은 안구를 씻어 내고 살균 작용까지 한다. 사람이
감정에 겨워 울면 스트레스 호르몬인 '카테콜아민'을 비롯한 각
종 독소가 눈물에 섞여 몸 밖으로 배출되고 행복감과 연대감을
증진시키는 엔도르핀과 옥시토신 호르몬이 분비되어 호흡, 뇌파,
심장박동이 안정을 찾는다고 한다. 또 미국 피츠버그대학 연구팀

에 따르면 울음은 류머티즘을 악화시키는 '인터류킨-6' 수치를 떨어뜨렸으며, 위궤양과 동맥경화 환자들은 정상인에 비해 잘 울지 않는 것으로 나타났다.

따라서 눈물은 정신 건강 측면에서도 청신호다. 눈물을 흘리는 게 문제가 아니라 흘리지 않는 게 문제다. 전통적으로 우리나라의 가부장적 유교 문화에서 눈물을 흘리는 건 체면 구기는 일이었고, 현대의 치열한 경쟁 사회 속에서 눈물은 나약함의 증표로 간주되기 십상이었다. 하지만 울음을 참는 건 감정의 억압으로 이어지고 억압된 감정들이 축적되면 몸과 마음이 병들기 쉽다. 눈물은 부정적인 감정과 내면의 상처를 씻어 내고 흘려보내는 자연 치유 기제다. 상담 전문가들에 따르면 한국 중년 남성들의 우울증 지수가 여성보다 심각한 것은 문화적 사회적 요인들로 인한 반눈물 정서가 원인이라고 한다.

그러고 보니 우리 사회의 4~50대 중장년층은 유아기에 "울면 안 돼"를 들었고 소년기에 캔디 주제가를 불렀으며 청소년기에는 "남자는 평생 세 번 운다"는 울음 근절책을 강요받아 왔다. 인생에 있어 가장 중요한 성장기에 울 권리를 빼앗긴 것이다. 분노 조절 장애로 인한 데이트 폭력, 보복 운전, 아동 학대 등의 남성 범죄들의 원인이 반눈물 정서에 있다는 것이 전문가들의 공통된 지적이다.

이제 우는 자는 복이 있나니 너희가 웃을 것임이요(누가복음 6:21)

'우는 사람이 행복한 사람이다.' 성서는 울음을 빼앗긴 현대인들에게 울 권리를 회복시킨다. 현대의학과 심리학이 분석한 울음의 행복을 성서는 이미 2천 년 전에 선언했다. '우는 사람이 웃게 될 것이다.' 울 권리를 몰수당한 현대인들에게 뒤늦게 웃음 치료제가 처방되고 있지만 웃음은 울음을 대체할 수 없다. 울음이 억눌린 상태에서의 웃음은 더 큰 정서적 억압이 될 수 있으며 자기기만의 함정에 빠져 심리적 교란에 이를 수 있기 때문이다. 울 줄 아는 사람이 진짜 웃는 사람이다.

우리의 최고 스승은 슬픔이다. 사람은 망원경보다 눈물을 통해 더 멀리 볼 수 있다.

생전에 한 번도 울어 본 적이 없었을 것 같은 이소룡李小龍*이 남긴 말이라는 게 믿어지지 않지만 그 의미엔 고개가 끄덕여진다. 이제부터는 울음보를 틀어막고 산타를 기다리는 내 노란 차 승객에게 이렇게 말해 줘야겠다.

---

*미국의 무술인 겸 배우

"○○아! 우는 아이는 나쁜 아이가 아니란다.

산타 할아버지는 우는 아이에게도 선물을 주실 거야."

에필로그

1

‘묻지도 않고 따지지도 않고’는 보험회사의 광고 카피만은 아닌 것 같다. 어린 시절부터 교회에서 늘 들어오던 가르침이었기 때문이다. 그 시절엔 교회들마다 순종을 미덕으로 여기는 분위기가 지배적이었다. 목사에 대해 딴지를 거는 사람은 믿음이 없는 또는 믿음이 불량한 사람으로 낙인찍히기 일쑤였다. 그저 묻지도 따지지도 않고 ‘아멘!’ 외치는 게 믿음 좋은 신자로 통했다. 교회에서 인정받는 사람은 이런 ‘예스맨yes-man’들이었다. 집사 권사 장로는 예스맨들의 차지였고, 조금이라도 딴지를 거는 사람은 목사의 권위에 흠집 내려는 ‘반동분자’(?)로 분류돼 주요 직분에서 배제되곤 했다.

목사의 설교에 토 달지 말고 아멘으로 순종하라는 교회의 금과옥조(?)는 순종을 넘어 맹종의 헤게모니를 성직자들에게 부여했다. 그 결과 목사의 설교는 금문禁問의 말씀이 됐고 목사의 뜻은 ‘노no 딴지’의 신의神意로 추앙받기에 이르렀다. 질문과 문제 제기는 신의 대언자에 대한 불경한 짓거리로 간주됐다. 교회들의 '금문 & 노 딴지 전통'은 이렇게 구성원들의 문제 제기를 원천 봉쇄해 버렸고, 온통 예스맨들로 형성된 공동체는 점차 병들어 갔다. 근친혼 신생아의 사망률이 두 배가 높고 소인증, 지적 장애 등 유전적 결함이 열 배가 높다는 통계는 순혈주의 집단의 건강성을 노정한다.

전형적인 예스맨이었던 필자가 성서를 읽으면서 깨닫게 된 것이 있다. 성서의 인물 중에 '노맨no-man' 즉, 딴지의 달인들이 적지 않다는 사실이다. 소위 믿음의 조상, 즉 신조信祖로 일컬어지는 아브라함은 밀당의 명수였다. 소돔과 고모라 성을 심판하겠다는 신의 비의秘義를 접한 아브라함은 심판의 합리성에 문제를 제기한다.

> 주께서 이같이 하사 의인을 악인과 함께 죽이심은 불가하오며 의인과 악인을 균등히 하심도 불가하니이다 세상을 심판하시는 이가 공의를 행하실 것이 아니니이까(창세기 18:25)

소돔 고모라 성 거주민 중에 있을 의인을 악인과 함께 멸하는 심판의 부당성을 지적하는 아브라함의 언설들이 자극적이다. '불가하다'는 두 번의 딴지와 공의를 행해야 한다는 충고까지, 신의 면전에서(22절) 아브라함의 문제 제기는 도발에 가깝다. 소돔 성 내 거주하는 조카 롯과 그의 가족을 염두에 둔 구명 탄원이라고 보는 해석도 있지만 단순 탄원으로 보기에는 아브라함의 태도가 당당하고 거침이 없다. "감히 어느 면전이라고" 하며 성낼만도 한데, 아들 잉태(10~15절)와 강국 건설(18절)을 약속한 나

에게 이럴 수가 있느냐며 노할 만도 할 텐데 여호와의 반응이 뜻
밖이다.

> 여호와께서 가라사대 내가 만일 소돔 성 중에서 의인 오십을
> 찾으면 그들을 위하여 온 지경을 용서하리라(26절)

배은망덕하다는 책망도, 서운하다는 원망도 하지 않고 여호와
는 아브라함에게 타협안을 제시한다. 의인 50명이라도 있으면 심
판을 거두겠다는 제안이다. 100세 된 처지에 과분한 은혜를 받고
도 딴지를 거는 노종을 질타하거나 배척하기는커녕 도리어 받아
들인다. 예상하지 못한 신의 너그러움에 감격이라도 한 것일까.
아브라함의 목소리가 톤 다운된다.

> 아브라함이 대답하여 가로되 티끌(먼지와 재: 필자 註)과 같은
> 나라도 감히 주께 고하나이다(창세기 18:27)

딴지 걸 때와 달리 자신을 먼지, 재와 같은 존재로 낮추긴 했지
만 아브라함은 오히려 신에게 역제안한다.

> 오십 의인 중에 오 인이 부족할 것이면 그 오 인 부족함을 인
> 하여 온 성을 멸하시리이까 가라사대 내가 거기서 사십오 인
> 을 찾으면 멸하지 아니하리라(28절)

아브라함의 제안은 의인 수의 기준을 50명에서 45명으로 낮춰

달라는 요청이다. "성은이 망극하나이다."라며 여호와의 절충안을 넙죽 받아들여야 하건만 도리어 +α 를 요구하다니 대단한 밀당꾼이 아닌가. 그런데 웬일인지 여호와께서는 이 역제안을 흔쾌히 수용한다. 그러자 마치 여호와의 수용을 예상했다는 듯 아브라함은 의인 수 기준을 40명으로 낮춰달라고 재요청하고 여호와는 이마저도 받아들인다(29절). 이후로도 아브라함의 밀당은 계속됐고 의인 수는 결국 아브라함의 거듭된 요청에 따라 10인으로 일단락된다(32절).

2

불손하면서 얄미운 아브라함의 딴지 걸기와 말 바꾸기를 여호와께서 끝까지 감내하고 수용하는 장면은 현대 교회의 '금문 & 노 딴지 헤게모니'를 향해 어떤 함의를 갖는 것일까? 성서의 인물 중 딴지 걸기로 아브라함을 능가하는 사람이 있으니 바로 그의 손자 야곱이다. 야곱의 딴지 걸기는 단순한 문제 제기 수준이 아니다.

> 야곱은 홀로 남았더니 어떤 사람이 날이 새도록 야곱과 씨름하다…… 그 사람이 가로되 날이 새려 하니 나로 가게 하라 야곱이 가로되 당신이 내게 축복하지 아니하면 가게 하지 아니하겠나이다(창세기 32:24~26)

유명한 얍복 강가의 씨름 장면을 보면 야곱이 여호와의 천사로 추정되는 한 사람을 붙들고 강가에서 밤새도록 실랑이를 벌인다. 씨름이라는 표현은 그 실랑이가 거의 육박전 수준이었음을 보여준다. 몸싸움에 가까운 실랑이가 이어진 배경에는 야곱의 절박함이 있다. 형 에서의 장자권을 빼앗고 가출해 외삼촌 라반의 집에 살면서 결혼하고 대가족을 이룬 야곱은 20년 만의 귀향을 결심하지만 귀향에 앞서 해결해야 할 문제가 있었다. 형 에서였다.

아버지와 형을 속인 과거의 일로 인해 보복당할 게 두려웠던 것이다. 형 에서가 건재한 고향 땅으로의 무사귀환을 위해 형과의 화해가 절실했던 야곱은 자기 사람들을 에서에게 보내 안부를 묻고 화친을 청한다(창세기 32:3~5). 그러나 돌아온 이들의 전언은 형 에서가 400인의 사람들을 대동해서 오고 있다는 것이었다(6절). 이 소식에 겁먹은 야곱은 에서를 위한 선물로 황소와 암소 등 가축 550마리를 선별하여 가족들과 함께 먼저 보내고 혼자 얍복 강가에 남는다. 그날 밤 종야終夜의 강변 씨름은 자신과 가족들의 안위를 지켜달라는 떠돌이 족장의 절박한 몸부림이었다(11절).

> 그 사람이 가로되 네 이름을 다시는 야곱이라 부를 것이 아니
> 요 이스라엘이라 부를 것이니 이는 네가 하나님과 사람과 더
> 불어 겨루어 이기었음이니라(28절)

환도뼈가 골절된 상태에서도(25절) 천사를 붙잡고 축복을 강구強求하는 야곱의 몸부림은 그런데 기각되지 않았다. 환도뼈는 어긋났지만 야곱의 절박한 기대는 어긋나지 않았다. 야곱의 생떼

같은 요구는 개명(야곱 ⇒ 이스라엘)과 함께 축복을 얻어 내고 이후 야곱은 형 에서의 보복이 아닌 환대 속에 무사히 정착하기에 이른다(창세기 33장 참조).

그런데 환도뼈를 골절시킬 만큼 물리력에 있어 야곱보다 강한 천사가 야곱을 이겨 내지 못하고 도리어 놓아 달라고 간청하는 장면(창세기 32:25~26)은 무엇을 함의하는가? 이것은 정당한 문제 제기나 요청을 위력으로 제재하지 않는 신의 섭리를 노정하는 대목이다. 보복이 두려워 신의 가호를 간청하는 떼쓰기를 여호와는 배척하지 않았다. 아니 '할 수 없었다'가 정확한 표현일 것이다. 은총을 바라는 그 어떤 목소리도 외면하지 않는 신의 자비하심은(출애굽기 6:5; 예레미아 33:3 참조) 혈육을 속여 탐욕을 채우는 욕망의 떼쟁이로 하여금 여호와가 통치하는 신정 부족神政部族 이스라엘의 조상으로 거듭나게 했다.

3

믿음의 시조始祖 아브라함과 이스라엘의 조상 야곱에 이어 딴지 걸기의 정점을 찍는 인물이 있으니 모세가 그 사람이다. 430년 애굽의 철권통치로부터 이스라엘 백성을 구출해 낸 민족 해방의 영웅 모세. 40년 광야 생활을 끝내고 약속의 땅 가나안으로 인도한 민족 구원의 영도자 모세. 이 위대한 인물이 실상은 노맨no-man, 딴지 걸기의 전형이다. 모세는 출애굽과 가나안 입경이라는 여호와의 계획과 약속을 듣고도 무려 다섯 차례나 딴지를 걸면서 부정적인 반응을 보인다.

내가 누구관데 바로에게 가며 이스라엘 자손을 애굽에서 인
도하여 내리이까(출애굽기 3:11)

내가 이스라엘 자손에게 가서 이르기를 너희 조상의 하나님이
나를 너희에게 보내셨다 하면 그들의 내게 묻기를 그의 이름이
무엇이냐 하리니 내가 무엇이라고 그들에게 말하리이까(13절)

그러나 그들이 나를 믿지 아니하며 내 말을 듣지 아니하고 이
르기를 여호와께서 네게 나타나지 아니하셨다 하리이다(4:1)

나는 본래 말에 능치 못한 자라 주께서 주의 종에게 명하신 후에도
그러하니 나는 입이 뻣뻣하고 혀가 둔한 자니이다(10절)

주여 보낼 만한 자를 보내소서(13절)

이쯤이면 딴지의 정도가 도를 넘었다. 호렙산의 불타는 떨기나
무 앞에서 여호와의 음성을 통해 종살이 종식과 가나안 정착이라
는 영광스러운 계획과 약속을 직접 듣고도 딴지를 거는(11절) 모
세에게 여호와는 임마누엘의 약속을 언급하면서 그를 설득한다
(12절). 그러자 모세는 여호와의 이름을 알려 달라는 관등 성명
작전으로 다시 딴지를 걸어온다(13절). 신의 관등 성명을 요구하
는 당돌한 태도에도 여호와는 마치 부하가 상관에게 하듯 자신의
관등 성명을 알려 준다.* 관등 성명만 아니라 구출 계획까지 소상
하게 설명해 준 여호와께서는 이스라엘 백성이 애굽을 떠날 때
애굽인들로부터 보상報償을 받게 될 것도 미리 알려 준다(14~22

---

* '나는 스스로 있는 자', '영원한 표호 여호와'라는 신의 관등 성명은 모세의 당돌
한 딴지 걸기의 수확물(?)이다.

절).

신의 관등 성명을 받아 내고 애굽 탈출의 구체적 방법까지 알아낸 모세가 이번에는 애굽인들의 불신과 거부 상황을 예단하고 대책을 촉구한다(4:1). 아직 벌어지지도 않은 일을 상정한 억지 딴지가 아닐 수 없다. 그런데 여호와께서는 이번에도 모세의 이의 제기를 수용하고 '즉석 이적'을 두 가지(지팡이와 손 변신 이적) 보여 준 뒤 애굽 왕 바로 앞에서 이적을 행할 것을 약속한다(4:2~8). 그리고 이 두 가지 이적에도 바로가 불신하고 거부할 경우를 대비한 추가 이적(하수를 피로 변하게 하는 이적)까지 귀띔해 둔다(9절).

이 정도면 제아무리 떼쟁이라도 수긍을 하고 믿음으로 바로의 궁을 향해 돌진할 텐데 딴지의 달인은 급기야 자신의 눌변을 내세워 또다시 주저앉아 버린다(10절). 지켜보는 사람까지 분통 터질 일이다. 모세의 연쇄적인 딴지 걸기에도 분통이 터지지만 이런 넘(?)을 계속 받아 주는 여호와의 관대함에 답답증을 느끼는 건 필자의 소갈머리일까? 여호와가 누구신가. 말 안 듣는 바로와 애굽을 열 가지 재앙으로 쑥대밭 되게 하신 이가 아닌가(출애굽기 7:14~13:16). 자신이 선택하고 구원한 백성이라도 금송아지 숭배 사건으로 인해 진멸해 버리겠다는 분노의 화염이 이글이글 타오르는 신이 아닌가(출애굽기 32:7~12). 그런 여호와께서 왜 모세의 딴지는 마냥 받아만 주는 것일까?

모세의 눌변 주장을 부정하지 않은 여호와는 다시 모세를 설득한다.

누가 사람의 입을 지었느뇨 누가 벙어리나 귀머거리나 눈 밝
은 자나 소경이 되게 하였느뇨 나 여호와가 아니뇨 이제 가
라 내가 네 입과 함께 있어서 할 말을 가르치리라(출애굽기
4:11~12)

말재주 없다는 핑계를 대는 떼쟁이에게 그의 입이 돼 주겠다는
약속까지 무려 네 차례의 약속과 설득을 반복하는 여호와에게 모
세가 이제는 아예 최후통첩을 보낸다: "주여 보낼 만한 자를 보내
소서"(13절). 만물을 지으신 창조주. 아브라함 이삭 야곱을 통해
자신을 나타내고 그들에게 언약을 주신 여호와가 아닌가. 430년
이 지나 드디어 언약 성취를 위한 민족 대탈출의 영도자로 부름
받았으니 "할렐루야, 아멘." 하고 이 한목숨 바치겠다는 결의를
보여야 마땅한데 딴 사람 알아보라니…… 다섯 번째 딴지다. 거듭
된 약속과 설득, 즉석 이적 시연에도 불구하고 못하겠다고 발을
빼는 떼쟁이를 향해 마침내 여호와의 분노가 폭발(?)한다.

여호와께서 모세를 향하여 노를 발하시고 가라사대 레위 사람
네 형 아론이 있지 아니하뇨……(14절)

아, 그런데 아니다. 분노는 맞는데 폭발은 아니다. 14절 이하를
보면 여호와께서 또다시 모세를 설득하는 게 아닌가. 설득의 내
용과 어조가 차라리 통사정에 가깝다. 모세의 눌변을 보완해 줄
달변가 형 아론을 모세의 대변인으로 지정할 것을 천명하신 여호
와는 급기야 모세에게 자신의 대리인 지위까지 부여한다.

너는 그(= 아론: 필자 註)에게 하나님 같이 되리라(16절)

애정과 진정성 넘치는 설득에도 시종일관 변죽만 울리고 결국 자신은 빠지겠다는 얄미운 뺀질이를 신의 대리자로 임명한다고? 이쯤 되면 이해 불가 캐릭터는 모세만이 아닌 것 같다. 앞에서 언급한 것처럼, 수많은 우여곡절 끝에 애굽을 탈출하여 광야 40년 생활을 마치고 이제 곧 가나안 입경을 목전에 둔 이스라엘 백성을 단 한 번의 우상 숭배 행위로 인해 진멸하고 다른 민족을 선택하겠다고 선언한 여호와가 아닌가(출애굽기 32:10). "목이 뻣뻣하다", 즉 말을 안 듣는다는 이유로 수십만의 선민도 갈아치우겠다는 여호와께서 지도자 한 사람 바꾸는 건 일도 아닐 텐데 도대체 왜 고집불통 모세를 포기하지 않는 것일까?

사람 고르는 눈이 없는 것도 아닐 테고 사람이 모세만 있는 것도 아닌데 목이 뻣뻣한 떼쟁이를 향한 여호와의 구애 작전이 눈물겹다. 마침내 여호와의 대리인 임명장을 받아든 모세는 가족들과 함께 애굽으로 돌아간 뒤 형 아론을 대동한 채 바로와 맞서게 된다(출애굽기 4:18~5:1).

믿음의 시조 아브라함, 이스라엘의 조상 야곱, 그리고 출애굽과 광야 여정의 영도자 모세. 이들은 여호와 선민選民의 가나안 입경과 정착, 그리고 신정 왕국 건설이라는 대역사 건설에 주춧돌 같은 인물들이다. 여호와의 장엄한 구원사의 담지자로 선택받은 이들이 그런데 하나같이 문제 제기와 딴지 걸기의 명수들이라는 성서의 기록은 교회의 '금문 & 노 딴지 전통'을 향해 이의를 제기한다. 노맨은 중직에서 배제되고 예스맨들로 당회가 구성

돼 사실상 담임목사 독재 체제로 운영되는 이 땅의 수많은 교회는 이의 제기꾼 아브라함, 떼쟁이 야곱, 고집불통 모세 등의 노맨들과 함께 여호와의 통치를 이루어 가는 성서의 딴지에 응답해야 하지 않을까?

본서를 통해 성서가 금문의 책이 아니라 환문歡問의 책 즉, 질문을 환영하는 책이라는 게 확인됐다. 구약성서의 여호와와 신약성서의 예수는 자신을 향한 이의 제기를 묵살하지 않고 친절하게 아니 때론 지나치다 싶을 만큼 수용적임이 증명됐다. 학생의 질문이 환영받지 못하는 공교육 현장에서, 이의를 제기하는 직원을 왕따시키는 직장 현장에서, 그리고 목사와 당회의 전횡에 딴지거는 이들을 이단 스파이로 몰아가는 교회 현장에서 고군분투하는 노맨들이여! 힘내시라, 성서는 당신의 편이다.